Zu diesen Briefen

Die Briefe zu diesem Band wurden geschrieben, bevor Luise Rinser von einer württembergischen Volkshochschule wegen «Sympathisantentum» wieder ausgeladen wurde, bevor vierzig Polizisten auf einen anonymen Anruf hin die Wohnung des Sohnes eines der Herausgeber stürmten. Die Texte sind getragen von der Hoffnung und von der Verteidigungsbereitschaft engagierter Demokraten. Trotz der zunehmenden Intellektuellenbeschimpfung wollen die Briefe weder anklagen noch zurückschlagen. Sie wollen mobilisieren, was verschüttet zu werden droht: Zivilcourage und politische Phantasie. Terroristen und ihre vielen politischen Nutznießer scheint eine Grundüberzeugung zu einen: Diese Gesellschaft sei weder reformbedürftig noch reformfähig. Bei allen unterschiedlichen Standorten der hier versammelten Briefschreiber – eines eint sie gegen diese Position: Nur die Anerkennung der Reform*bedürftigkeit und* Reform*fähigkeit* eines demokratischen Gemeinwesens kann langfristig dem Terrorismus (und seiner biedermännischen Nutznießerei) den Garaus machen.

«Nicht zuletzt unsere jüngste Geschichte liefert genügend Beispiele dafür, mit welch verhängnisvollen Folgen schon einmal eine Intellektuellenhetze endete. Die Demokratie hat in einem Klima der totalen Verdächtigung und Denunziation jeder Abweichung von der Norm keine Überlebenschance. Das Ziel der Terroristen ist, unsere soziale Ordnung zu erschüttern. Das wird ihnen nicht gelingen. Auch die Weimarer Republik ist nicht an dem vielfältigen Terror, sondern an dem Versagen der Demokraten, unter anderem auch gegenüber diesem Terror, zugrunde gegangen. Und die Demokratie gerät wirklich in Gefahr, wenn unter den Schocks der Ereignisse die Bevölkerung in dem Glauben bestärkt wird, Toleranz und Pluralität der Meinungen seien nicht mehr erforderlich und selbst schon ein Kennzeichen der Gefahr. Wer aber Treibjagden fördert, hat es am Ende nicht mehr in der Hand, wenn sie in Pogromen enden.» (Klaus Staeck)

Die Honorarerlöse aus diesem Band werden der Gefangenenorganisation Amnesty International zugeführt.

Freimut Duve/Heinrich Böll/Klaus Staeck (Hg.)

Briefe zur Verteidigung der Republik

rororo

Rowohlt

rororo aktuell – Herausgegeben von Freimut Duve

Originalausgabe

1.–20. Tausend November 1977
21.–35. Tausend November 1977

Veröffentlicht im Rowohlt Taschenbuch Verlag GmbH,
Reinbek bei Hamburg, November 1977

Umschlagentwurf Werner Rebhuhn (Foto associated press. Es zeigt den von den Schleyer-Entführern benutzten Kinderwagen)
Satz Times (Linotron 505 C)
Gesamtherstellung Clausen & Bosse, Leck/Schleswig
Printed in Germany
580-ISBN 3 499 14191 4

Inhaltsverzeichnis

Vorbemerkung der Herausgeber 9

Carl Amery
Bekennen Sie sich zu den besten Traditionen des europäischen Katholizismus!
An die Deutsche Bischofskonferenz in Fulda 11

Heinrich Böll
Dann wird das Feuilleton zur Quarantäne-Station
An die Herausgeber der *Frankfurter Allgemeinen Zeitung* 16

Nicolas Born
Eines ist dieser Staat sicher nicht: Ein Polizeistaat 20

Marion Gräfin Dönhoff
Die Proportionen nicht aus dem Auge verlieren
An den niedersächsischen Wissenschaftsminister Eduard Pestel 25

Freimut Duve
«Gewährte Freiheit»? An Kurt Biedenkopf und Régis Debray 28

Axel Eggebrecht
Die Enkel der Hitlergeneration
An Jean Améry 39

Iring Fetscher
Die perverse Dialektik dieses Denkens 43

Helmut Gollwitzer
Sich kümmern um die Verkümmerten und Benachteiligten
An meinen Patensohn Lukas Ohnesorg 50

Jürgen Habermas
Stumpf gewordene Waffen aus dem Arsenal der Gegenaufklärung
An Prof. Kurt Sontheimer 54

Hartmut von Hentig
Dies wäre das Ende der Meinungsfreiheit
Lieber Herr von K. 73

Dieter Hildebrandt
Diese Art von Pöblizistik
An einen Nachbarn 84

Walter Jens
Isoliert die Desperados durch mehr Demokratie 86

Ulrich Klug
An die Bundestagsabgeordnetinnen 91

Dieter Kühn
Kritische Wachheit gerade jetzt
An einen Leitartikler der FAZ 95

Siegfried Lenz
Einer des anderen Gesinnungspolizist
An den Karikaturisten Hicks (*Die Welt*) 102

Jürgen Manthey
Brief, ein älteres republikanisches Bewußtsein betreffend 105

Alexander und Margarete Mitscherlich
Ihr endet bei der destruktiven Gleichgültigkeit
Brief an einen (fiktiven) Sohn 113

Oskar Negt
Sozialistische Politik und Terrorismus
1972
Auszüge einer Rede in Frankfurt 1970 117

Hans Erich Nossack
Unser Feind ist immer das Kleinbürgertum
An meinen in Brasilien lebenden Bruder 124

Fritz Sänger
Die Freiheit des waffenlosen Kampfes 126

Richard Schmid
Die Freude war durchaus nicht klammheimlich
Sehr geehrter Herr Reichsfinanzminister Mathias
Erzberger! 131

Dorothee Sölle
. . . daß aus Linken Faschisten werden können
Brief an die amerikanischen Freunde 136

Klaus Staeck
Sympathisant ist, wer . . .
An Bernhard Vogel 141

Carola Stern
Machen Sie doch endlich mal den Mund auf
An einen liberalen Bildungsbürger 146

Thaddäus Troll
Der Begriff Sympathisant wird zum Geschoß
An eine spanische Freundin 148

Ernst Tugendhat
Kriminalisierung der Kritik
An die Redaktion der *Zeit* 153

Martin Walser
An die Sozialdemokratische Partei Deutschlands 156

Günter Grass/Alfred Grosser/Fritz J. Raddatz
Gespräch über eine schwierige Nachbarschaft 160

Anhang
Positionen 171

Erklärung der Humanistischen Union 173

Erklärung des Rates der Evangelischen Kirche in
Deutschland zum Terrorismus in unserem Land:
Wir sind an Versäumnissen beteiligt 178

Erklärung von Hochschullehrern und wissenschaftlichen Mitarbeitern anläßlich der Entführung von Hanns-Martin Schleyer 180

Erklärung vom 7. 9. 1977 182

Autorenhinweise 185

Vorbemerkung der Herausgeber

Die Briefe zu diesem Band wurden geschrieben, bevor Luise Rinser von einer württembergischen Volkshochschule wegen «Sympathisantentum» wieder ausgeladen wurde, bevor vierzig Polizisten auf einen anonymen Anruf hin die Wohnung des Sohnes eines der Herausgeber stürmten. Die Texte sind getragen von der Hoffnung und von der Verteidigungsbereitschaft engagierter Demokraten. Trotz der zunehmenden Intellektuellenbeschimpfung wollen die Briefe weder anklagen noch zurückschlagen. Sie wollen mobilisieren, was verschüttet zu werden droht: Zivilcourage und politische Phantasie. Terroristen und ihre vielen politischen Nutznießer scheint eine Grundüberzeugung zu einen: Diese Gesellschaft sei weder reformbedürftig noch reformfähig. Bei allen unterschiedlichen Standorten der hier versammelten Briefschreiber – eines eint sie gegen diese Position: Nur die Anerkennung der Reform*bedürftigkeit und* der Reform*fähigkeit* eines demokratischen Gemeinwesens kann langfristig dem Terrorismus (und seiner biedermännischen Nutznießerei) den Garaus machen.

Die meisten dieser Briefe gehören nicht in die Kategorie des literarischen Briefes, den einer lyrisch oder satirisch abfassen mag; sie sind direkt, offen, öffentlich, enthalten weder persönliche Klage noch Anklage, sondern Bitten und Gesprächsangebote, Ermutigung für alle, meist Unbekannten, die durch Mord und Terror sich in eine Lage gedrängt finden könnten, in der Kritik, Analyse, Reformvorschläge schon als Vorbereitung zum Terror gedeutet werden können. Das Wort Sympathisant, das auf eine üble Weise undefiniert bleibt, erweist sich als beliebig verwendbare Drohung, Waffe zur Einschüchterung. Herausgeber, Autorinnen und Autoren dieser Briefe sind Bürger der Bundesrepublik Deutschland, sie sind Steuerzahler, leben hier wie jeder andere Staatsbürger unter den Lebensbedingungen dieser Gesellschaft. Die Briefe dienen Autorinnen und Autoren nicht zur Distanzierung von etwas, mit dem sie sich nie identifiziert haben. Sie dienen der Klärung kritischer Positionen.

Die Idee zu dieser Sammlung entstand in einer Situation, in der befürchtet werden mußte, daß es zu einer neuen Intellektuellenhetze in der Bundesrepublik kommen könnte; sie entstand in einem Augenblick, in dem das Klischee vom «häßlichen Deutschen» mit den unvernünftigsten und unwahrscheinlichsten Argumenten neu belebt wird; es liegt an denen, die eine fürchterliche Situation für innenpolitische Demagogie auszunutzen gedenken, ob dieses Klischee bestätigt wird. Eine Republik, in der nicht einmal mehr über die *mögliche* Herkunft des politischen Terrors nachgedacht werden darf, ist keine mehr.

Diese Sammlung entstand in Eile. Dies nur als Bitte um Verständnis für diejenigen, die nicht hatten aufgefordert werden können, mitzuschreiben. Die Sammlung wird fortgesetzt.

den 1. Oktober 1977

Freimut Duve
Heinrich Böll
Klaus Staeck

Carl Amery

Bekennen Sie sich zu den besten Traditionen des europäischen Katholizismus!

An die Deutsche Bischofskonferenz in Fulda

Eminenzen, Exzellenzen!

Daß sich die Deutsche Bischofskonferenz zum Terrorismus und seinen Ursachen äußern würde, war vorauszusehen. Um so ratloser war ich, als ich über Hörfunk und Presse vom (wenn auch agenturdienstlich verkürzten) Inhalt Ihrer Erklärung erfuhr.

Hier geht es hauptsächlich um die Auswahl der Gründe und Ursachen, die Sie vortragen. Die Erklärung einer Bischofskonferenz hat pastoralen Charakter, sie soll klären, helfen, entwirren. Ihre Analyse – oder das, was Sie aus verschiedenen Analysen entnahmen – tut das Gegenteil.

Gehen wir auf den Text der dpa-Meldung ein, den ich der *Süddeutschen Zeitung* vom 22. September verdanke. Da heißt es:

«Zu den Gründen und Ursachen der Entstehung des Terrorismus erklären die Bischöfe, allzu viele Menschen seien der Ansicht, alles auf der Welt sei machbar und erreichbar. Damit gehe gleichzeitig eine geradezu zynische Herabsetzung der Grundwerte und Grundhaltungen des menschlichen Lebens einher. – Den Hochschulen wird in der Erklärung vorgeworfen, seit Jahren Theorien der Verweigerung und der Gewalt gegen die *fortgeschrittenen Industriegesellschaften* [Hervorhebung von mir] gelehrt und empfohlen zu haben. Es wird gefragt, ob nicht bestimmte Konflikttheorien, die in den Bildungsbereich Eingang gefunden hätten, bei jungen Menschen eine geistige Verführung möglich machten.» Soweit der Text, um den es hier geht.

Die Verfasser (ob dies nun Sie selbst oder Ihre Beauftragten waren) müssen Verwirrung stiften, weil sie zur Erklärung der Gründe für den Terrorismus zwei Begriffssysteme, ja zwei «Weltanschauungen» heranziehen, die sich fundamental widersprechen.

Die erste erhellt aus der Behauptung, «allzu viele Menschen seien der Ansicht, alles auf der Welt sei machbar und erreichbar».

Dies, so scheint mir, ist ein Einwand aus der jahrhundertealten konservativen Rüstkammer der Kirche, ein Einwand, der in dieser Form schon im 17. Jahrhundert hätte erhoben werden können. Hybris, Überhebung, Nicht-wahrhaben-Wollen unserer kreatürlichen Begrenztheit: das haben durch viele Generationen die Bußprediger von den Kanzeln der Kathedralen wie der Dorfkirchen denunziert und als Ursache des zeitgenössischen Übels und Grund für Gottes möglichen Zorn benannt.

Nun ist aber die Ansicht, alles auf der Welt sei machbar und erreichbar, das typische Kennzeichen, ja die zentrale Ideologie gerade der «fortgeschrittenen Industriegesellschaften», die Sie im dritten Satz der Meldung doch offenbar gegen ihre Gegner in Schutz nehmen. Die Praxis dieser «fortgeschrittenen Industriegesellschaften» ist dabei noch viel zynischer gegenüber Grundwerten und Grundhaltungen, als dies die Theorie vermöchte. Die Praxis der «fortgeschrittenen Industriegesellschaften» läuft, wie dies der schwedische Nobelpreisträger Hannes Alfvén (alles andere als ein Terrorist) genannt hat, auf den «Omnizid» hinaus, das heißt den Angriff auf alles Lebendige. Die Produktionsweise der fortgeschrittenen Industriegesellschaften – und zwar ganz gleichgültig, ob sie sich selbst als Kapitalismus, als soziale Marktwirtschaft oder als «realen Sozialismus» bezeichnen – besteht in der Verwertung aller Rohstoffe, Arbeitskräfte und Motivationen zum Zweck der Produktionssteigerung – und in der Behandlung alles Nicht-Machbaren und Nicht-Verwertbaren als Müll, Abraum, Abfall. Zum sozialen, intellektuellen und psychischen Abfall dieser Produktionsweise gehört unter anderem der Terrorismus.

Ihre Berater können Ihnen zweifellos mitteilen, daß ich damit keine neue Lehre verkünde. Die besten Vorkämpfer katholischen Gedankenguts in den letzten hundertfünfzig Jahren waren und sind dieser Meinung und haben zwar nicht Gewalt, wohl aber Widerstand und Verweigerung gegen die «fortgeschrittenen Industriegesellschaften» proklamiert. (Hier sollen stichwortartig und gänzlich unvollständig die Namen Franz von Baader, Léon Bloy, Georges Bernanos, G. K. Chesterton, Theodor Haecker und Ivan Illich genügen.) Bis vor kurzem waren diese Kritiker auf geistes- und kulturgeschichtliche Daten und Argumentationen angewiesen; seit dem Vordringen der Ökologie als einer neuen politischen und gesellschaftlichen Leitwissenschaft tritt ihnen die unausweichliche physische Evidenz zur Seite. Was jene Denker und

Vorkämpfer als Verdacht ausgesprochen haben – nämlich die grundsätzliche, zynische Lebensfeindlichkeit der «fortschrittlichen Industriegesellschaften» –, enthüllt sich im Tatbestand des Omnizids, der Ermordung alles Lebendigen und des Bündnisses mit der Wüste, als faktisch unabdingbare Eigenschaft des Produktionssystems.

Seine Gehilfen, wenn auch seine naiv-gräßlichsten, sind die Terroristen. Indem sie davon ausgehen, daß körperliche Angriffe auf die «Kommandohöhen» unserer Gesellschaft tatsächlich etwas an ihrer Zuständigkeit verändern könnten, demonstrieren sie ihre grundsätzliche Abhängigkeit von ihren inneren Voraussetzungen. Und indem sie durch den Lärm ihrer Waffen und den darauffolgenden Lärm der Medien von den tatsächlichen, noch nie in dieser Furchtbarkeit vorhandenen Gefahren unserer Lage ablenken, zögern sie den nötigen Prozeß der Reform hinaus, auf die wir so dringend angewiesen sind wie noch nie.

Diese Reform zu unterstützen wäre eine der vordinglichsten Aufgeben der Kirchen. An den Peripherien der weltweiten Industriegesellschaft, etwa in Lateinamerika, sterben Priester, Nonnen, Laien als Märtyrer des Widerstands gegen die Unterwerfung jedes Grundwerts unter das zynische Kalkül der totalen Verwertung im industriellen Sinn. Hier, in Mitteleuropa, wo tiefe historische Wurzeln des sogenannten Fortschritts stecken, müssen wir uns dem Problem genauso stellen wie jene Christen in Brasilien oder San Salvador. Und es wäre möglich, die notwendige Kehrtwendung einzuleiten, ohne auch nur ein Komma unseres Grundgesetzes zu verändern – im Gegenteil: es wäre notwendig, dafür zu sorgen, daß die Erhaltung eben der Grundwerte und Grundhaltungen, von denen Sie sprechen, in der Praxis überhaupt möglich wird.

Erlauben Sie mir, ein italienisches Beispiel heranzuziehen, das morgen oder übermorgen auch in der Bundesrepublik Wirklichkeit werden kann: das Beispiel von Seveso. In der Stellungnahme des Mailänder Kardinals kam – ich muß dies leider feststellen – die gleiche Zwiespältigkeit, die gleiche Verweigerung eines einheitlich-analytischen Ansatzes der Problembewältigung zum Ausdruck, die Sie in dieser Terrorismus-Äußerung zeigen. Einerseits wurden die Frauen von Seveso ermahnt, trotz des erheblichen Risikos die Kinder des Unglücks auszutragen; andererseits wurde die Firma Hoffmann-La Roche nicht mit der Exkommunikation belegt, die ihr, als Mörderin oder Verstümmlerin ungeborenen Lebens, zweifelsfrei zusteht. Ein solch klares Wort hätte nicht nur den zeitlosen Traditionen der Kirche entsprochen (gerade beim Nachfolger des Ambrosius, der sich nicht scheute, dem Kaiser die Kirchentür zu weisen); er hätte darüber hinaus demonstriert, daß demokratische Republiken im Kampf gegen die zynische Macht der Alles-Verwertung und Alles-Verwüstung mit der fundierten Hilfe eben dieser Kirche rechnen können. Man kann nicht die Vergifteten zur geduldigen Hinnahme lebenslangen Schicksals ermahnen und die Vergifter ungeschoren lassen; man kann nicht den Terrorismus verurteilen und gleichzeitig die Verweigerung gegen eben jene Gesellschaft, die ihn zwangsläufig hervorbringt. Wie zynische Verachtung von Grundhaltungen und Grundwerten zustande kommt: das zu studieren, braucht man nicht die Hochschulen zu bemühen, dazu genügt ein Blick in die Werbeprogramme des Fernsehens.

Ob der Triumph der fortgeschrittenen Industriegesellschaften (und damit der Triumph des Todes) noch abwendbar ist, weiß ich nicht. Fest steht, daß er durch irgendwelche terroristischen Praktiken nicht abwendbar ist und daß sich eine revolutionäre Situation wohl erst dann ergäbe, wenn es zu wirksamen Änderungen bereits zu spät ist. Das heißt, daß der Kampf gegen die zynische Lebensverneinung und Grundwertverneinung der fortgeschrittenen Industriegesellschaften ein reformistischer Kampf sein muß. Er muß mit allen Verbündeten geführt werden, welche die Sache des Lebens in unserem Land noch zu finden vermag – es sind nicht mehr viele. Aber ich kann mir nicht vorstellen, daß die Kirche nicht einer von diesen Verbündeten sein müßte.

Ich gestehe offen, daß ich mich mit den Wegen der christlichen Tradition schwer tue – ich habe das in meinem Buch ‹*Das Ende der Vorsehung*› dargelegt. Ich gestehe ferner, daß ich den Begriff der «Erlösung» nicht verstehe: meiner Meinung nach wird das, was man theologisch als den Jüngsten Tag bezeichnet, ein Gericht sein, in dessen Jury die von uns ausgerotteten Wale und Delphine sitzen. Aber dennoch scheint es mir unzweifelhaft, daß ein Glaube, zu dessen zentralen Stichworten die Begriffe LIEBE und LEBEN gehören, es nicht zulassen kann, daß diese Begriffe eines nicht allzu fernen Tages ohne jeden konkreten Bezug über den Wüsten schweben, welche von den fortgeschrittenen Industriegesellschaften zielvoll zubereitet werden.

Bekennen Sie sich, Eminenzen, Exzellenzen, zu den besten Traditionen des europäischen Katholizismus, und geben Sie die zwiespältige, verwirrende Analyse der Terrorismus-Ursachen, mit der Note «Ungenügend», den tatsächlichen Verfassern zurück.

In der Hoffnung, dann mit der Fuldaer Bischofskonferenz ein fruchtbares Gespräch aufnehmen zu können,

Carl Amery

Heinrich Böll

Dann wird das Feuilleton zur Quarantäne-Station

An die Herausgeber der *Frankfurter Allgemeinen Zeitung*

18. September 1977

Sehr geehrte Herren,

wenn ich diesen Brief mit einem Dank beginne, so fürchten Sie bitte nicht, er werde mit einer Beschimpfung enden. Daß ich privat gelegentlich auf und über Sie schimpfe, muß vorausgesetzt sein; als einer, der seit über einem Vierteljahrhundert freier Mitarbeiter Ihrer Zeitung ist, fühle ich mich verpflichtet, das zu gestehen.

Mein Dank gilt dem Beitrag von Herrn Dr. Rühle in Ihrer Zeitung vom 14. September 1977 über das, was man inzwischen den Fall Peymann nennen kann. Dank auch für den Abdruck der Erklärung von Claus Peymann. Nachdem ich Herrn Dr. Rühles Artikel und die Erklärung von Herrn Peymann gelesen habe, bin ich nicht der Meinung, daß Herr Peymann sich taktisch falsch verhalten hat. Seine Erklärung ist eindeutig; wenn er das schwarze Brett mißbraucht haben sollte, so ist er dafür gerügt worden, und der Fall sollte erledigt sein. Er ist es inzwischen, weil Herr Peymann seinen Vertrag über August 1979 hinaus nicht verlängern will. Der Ruf nach seiner Entlassung, seiner «Entfernung» wird bleiben. Zwei Jahre sind eine lange Zeit, Stimmung und «Volkes Zorn» sind bedenkliche und wirksame Waffen gegen jemanden, der nicht einmal verdächtig ist, sondern nur verdächtigt worden ist. Er hat im Juni den Bittbrief einer Pfarrersfrau ausgehängt, deren Tochter zu lebenslänglicher Haft verurteilt ist; auch wenn diese Pfarrerstochter Gudrun Ensslin heißt; auch wenn der Brief Anfang September und nicht schon im Juni ausgehängt worden wäre, wäre das kein Grund, Herrn Peymann in dieser Weise zu verdächtigen und die Ecke zu drängen. Es ist in diesem Zusammenhäng die Frage fällig: Wo leben wir eigentlich?

Vor mehr als zwanzig Jahren habe ich gemeinsam mit meiner Frau die Übersetzung eines Buches von Czeslaw Milosz, dem polnischen Dichter, bearbeitet; der englische Titel des Buches hieß ‹*Captive Mind*›; er wurde nach langwierigen Überlegungen mit ‹*Verführtes Denken*› übersetzt. Heute denke ich manchmal, man hätte ihn mit «Vorgeschriebenes Denken» oder «Folgen der Gehirnwäsche» übersetzen können; in diesem Buch wird die Anpassung polnischer Intellektueller verschiedenster ideologischer Herkunft während der stalinistischen Ära geschildert; ich halte es immer noch für einen Klassiker der Analyse; das Buch wurde im Kalten Krieg das, was man einen «stillen Renner» nennt.

Wenn jemand, der den Bittbrief einer Pfarrersfrau aushängt, in eine Lage gebracht wird, die ihn veranlaßt, seinen Vertrag nicht zu verlängern, so frage ich mich, welcher «mind» die Leute beherrscht, die solche Stimmung machen, schüren, ausnutzen, und ich frage mich: was wollen sie wirklich? Geraten wir in eine Periode des *vorgeschriebenen* Denkens und der vorgeschriebenen Gefühle? Muß einer, wie es hier und da auch von verantwortlichen Politikern gefordert wird, sich nicht nur seine Gefühle, auch seine Gefühls*äußerungen* vorschreiben lassen? *Muß* einer das? Ich wage nicht einmal, bei solchen Äußerungen von Politikern an Demagogie zu denken, ich fürchte: *sie denken wirklich* so. Muß einer, wenn er das eine kritisieren möchte, immer seine Bestürzung über *alles* Schreckliche und Scheußliche in der Welt mitliefern? Wenn das Denken, die Gefühle und außerdem öffentliche Gefühlsäußerungen vorgeschrieben werden, dann wird ein Kollektivdenken und -verhalten gefordert, das ansonsten als sozialistisches Gespenst gilt. Kommt nicht dieses – das sozialistische –, sondern ein anderes Gespenst auf uns zu, das noch keinen Namen hat? Warum muß ein Schauspieldirektor gehen oder aufgeben, der sich gegen keinen Paragraphen des Strafgesetzbuches vergangen hat? Warum wird aus der fälligen (und ausgesprochenen) Rüge drei Monate nach dem Mißbrauch des schwarzen Bretts ein Skandal? Nun wird man Peymann vorwerfen, er sei ja nicht entlassen worden, sondern habe aufgegeben. Die Frage, welcher Druck einen dazu veranlaßt, der lediglich einen kleinen Disziplinarfehler begangen hat und dafür gerügt worden ist, wird dann nicht mehr gestellt; und wenn nicht einmal Herr Oberbürgermeister Rommel – dem ich auf diesem Wege ebenfalls danken möchte – seinen Schauspieldirektor halten kann, wer «hält» dann die junge Lehrerin, die möglicherweise im Fach Staatsbürgerkunde auf Prozesse gegen Demonstranten zu sprechen kommt? Herr Peymann hat Öffentlichkeit (und sein Fall wird das Bild vom häßlichen Deutschen nicht verschönern helfen!), er hatte die Unterstützung eines CDU-Oberbürgermeisters. Welche Entmutigung wird sein Fall für die bedeuten, die weder Öffentlichkeit noch die Unterstützung *irgendeines* Politikers finden, der *vorgeschriebenen* Stimmungen erliegt? Wer schreibt das vor? Wer ist verdächtig, wer verdächtigt? Auf wen trifft das Unwort Sympathisant nun wirklich zu? Sympathisiert da etwa einer mit etwas, das er törichterweise «Fortschritt» nennt oder gar mit etwas so fürchterlichem wie Reformen? Schon entdeckt einer in Kommentaren, Rundfunk-Magazinen, Gesprächen etwas, das Opportunismus zu nennen zu harmlos wäre. Opportunismus setzt ja ein Minimum *bewußter* Anpassung voraus, während in den meisten Fällen die Angst, sich nicht vorschriftsmäßig zu äußern, schon so tief abgesunken ist, daß sie nicht mehr wahrgenommen wird.

Was mich an dieser Entwicklung beschäftigt: wessen Interessen dient sie. Und nun komme ich zur Beantwortung der Frage, die Sie sich gewiß schon gestellt haben: Warum schreibt er uns? Ich schreibe Ihnen, weil Ihre Zeitung zu den einflußreichsten unserer Republik gehört; weil sie, wie kaum eine andere, Tendenzen beeinflußt. Immerhin leben wir ja in der Bundes*republik* Deutschland. Es wird Sie gewiß nicht kränken, wenn ich Ihre Zeitung – jedenfalls im politischen und im Wirtschaftsteil – unternehmerfreundlich nenne, während sich in Ihrem Feuilleton die «Linken» (und was sich und was man so dafür hält) friedlich tummeln dürfen. Tummeln wir Tümmler uns also weiter, während unter uns in den tieferen Gewässern die kleinen Fische von den großen gefressen werden. Die Freiheit, die einer hat, wird suspekt, wenn andere sie nicht haben, etwa jene Lehrerin nicht, die, als sie das Wort «Sozialkunde» aussprach, das entsetzte Geschrei ihrer Klasse hörte, von Sozialismus wolle man nichts hören. Wir da oben haben keine Ahnung, was denen da unten blüht, wenn ein Schauspieldirektor seinen Hut nimmt, weil er vor drei Monaten den Bittbrief einer Pfarrersfrau aushängte, die Ensslin heißt. Keine Ahnung haben wir, und wenn ich in dieses wir, Sie und mich einbeziehe, entdecken Sie bitte darin keine Anbiederung. Die Frage: Wessen *Interesse* dient diese Entwicklung? bleibt offen. Es fällt mir schwer anzunehmen, daß eine Stimmung, in der schon das Wort Reform wie die Pest gefürchtet wird, Ihren Interessen dient und denen, deren Interessen Sie vertreten. Freiheit, von der man keinen Gebrauch macht, verfault, und wenn man erst anfängt zu glauben, von seiner Freiheit keinen Gebrauch machen zu müssen, weil ja deren Äußerungen *vorgeschrieben* sind, dann wird das Feuilleton zur Quarantänestation, von liebenswürdigen Wärtern umringt. Ich hoffe, es kommt nicht so, ich hoffe, der Aussatz der Freiheit dringt aus der Quarantänestation heraus, wenn nicht als exekutive Hilfe, so doch wenigstens als Ermutigung. Freiheiten, die wir, die Autoren, uns erlauben, sollten nach außen dringen können. Sonst können wir die Theater gleich schließen, die Buchmessen absagen. Wenn ich nun weder an Ihre Vernunft noch an Ihre Gefühle appelliere, sondern an Ihre *Interessen*, so schließe ich Vernunft und Gefühl nicht aus Ihren Interessen aus. Diese Stimmung der vorgeschriebenen Gefühle, der vorgebeteten Litaneien wird nichts einbringen, keinen Gewinn, nicht einmal materiellen. Die Arbeitsmoral einer eingeschüchterten Gesellschaft ist totes Kapital, eine Fehlinvestition, denn so merkwürdig, so überraschend es klingen mag: der Mensch lebt wirklich nicht vom Brot allein; er lebt auch nicht von der Freiheit *anderer*, und er lebt nicht von der *Selbstverständlichkeit*, daß Mord abscheulich und entsetzlich ist.

Ihr Heinrich Böll

Nicolas Born

Eines ist dieser Staat sicher nicht: Ein Polizeistaat

21. Sept. 77

Lieber . . .

Du weißt, was in den letzten Wochen passiert ist. Ich will diesen Brief zum Anlaß nehmen, mir über einige Dinge klarer zu werden. Meine Besorgnis über diese Entwicklung in der Bundesrepublik kann ich nicht mehr Besorgnis nennen: dieses Wort enthält für mich schon alle Scheinheiligkeit der Verlautbarungen dieser Tage. Der adjektivische Empörungskrampf, von dem sich Politiker schütteln lassen (abscheulich, feige, blindwütig, tollwütig etc.) offenbart neben Angst (die verständlich ist) das automatische politische Profitstreben: es kann in dieser Form nur dazu bestimmt sein, einen Volkszorn aufzuputschen und derart zu konzentrieren auf diese Verbrechen, daß daraus eine unheimliche Legitimation erwächst, Mandate so stark macht, daß sie die Verfassung schwächen.

Eine Bevölkerung wird auseinanderpolarisiert; im demagogischen Nebel werden «Umfelder» provisorisch abgesteckt, provisorisch deshalb, um sie gegebenenfalls erweitern zu können; Personen werden genötigt, den administrativen Vorsprechern inflationäre Treueschwüre zum Staat nachzusprechen; Intellektuelle, die es wagen (auch Politiker), in der *Einigkeit der Demokraten* zu differenzieren, zu denken und gar noch Fragen nach Ursachen zu stellen, kurzerhand zu Mord-Sympathisanten erklärt.

Die so skizzierte Kampagne erzeugt Mißtrauen gegenüber dem Nächsten und dem Fernsten, begünstigt entscheidend das allgemeine innere *Feindbild*, bringt die freie Meinungsäußerung unter die Kriterien der Vorsicht und der Angst. Und jene Leute, die aus politischem Kalkül diese Entwicklung fördern, nenne ich Sympathisanten, weil sie Staat und Gesellschaft in die von Terroristen erwünschte Richtung steuern.

Diesem Staat kann man in kritischer wie auch loyaler Haltung alle möglichen Attribute anheften. Man kann von ihm als vom «Rechtsstaat» reden, man kann ihn in der Abhängigkeit von wirtschaftlichen Großinteressen sehen; man kann sich auch ekeln vor ihm und ihn für eine allesstrukturierende und allesverwaltende Verödungsmaschine halten. Eines ist er ganz sicher nicht: ein Polizeistaat, ein faschistischer Staat. Daß er das nicht ist, ist wenig, aber *etwas* immerhin, das uns bisher durch unsere Erfahrung mit dem Totalitarismus verbürgt erschien.

Nun kann es meiner Ansicht nach keinen Staat geben, der den Totalitarismus ein für allemal überwunden hat; vielmehr sind seine Versuchungen, ist seine Gefährdung permanent. Ich kann mir auch kaum eine Rechtsstaatlichkeit vorstellen, die, auch in ihrer Idealität nicht, individuelle Willkür, Terror, mithin die Prägung destruktiver Charaktere ausschlösse. Am Ende würde diese Utopia-Idealität selbst wahrscheinlich Frustrationen hervorbringen: Anschläge gegen sich selbst.

Aber, abgesehen von solchen, wie ich meine, zeitlosen Gesellschafts- und Gemeinschaftsrisiken, hat der Staat, hat unsere Gesellschaft Verhaltensnormen ausgebildet, die den einzelnen, nicht zu seinem Glück, neu definieren. Er ist zu einem wirtschaftlichen Kalkulationsfaktor auf Zeit gemacht worden, tendenziell zumindest zu einem *Input-* und *Output-* und *Rückkoppelungswesen.* Seine Lebensgrundlagen werden industriell zerstört und industriell ersetzt. Für die industrielle Produktion benötigt er eine spezifische ihn verstümmelnde Angepaßtheit, sonst fällt er heraus und wird arbeitslos und ist nur noch als Konsument (?) *zu gebrauchen.* Hier ist vom Staat etwas zu programmieren, nämlich ein Rückschritt aus Lebensnotwendigkeit, die Rettung, Erhaltung und Wiedergewinnung menschlichen Lebens. Aber, man könnte sofort resignieren, statt dessen wird fortgefahren, weitergemacht in den Sachzwängen einer Geld- und Maschinengigantomanie.

Diese hier nur angedeutete Misere kann Frustrationen und Staatsverdrossenheit erklären; sie kann Mord nicht entschuldigen. Die wegen ihrer Gesinnung oder «Zugehörigkeit» vom Staat aus bestimmten Berufen Verstoßenen müssen bei uns nicht zu Terroristen werden, aber verurteilt zu einem unglücklichen Bewußtsein, zu einem Isolationsbewußtsein werden sie damit schon.

Es tut mir leid, in solch eine gezwungene Sprache zu verfallen; für diese Probleme habe ich keine andere. Du weißt, daß ich an eine prinzipielle Ungerechtigkeit des Lebens, der Welt, der Natur, der Geschichte usw. glaube, aber ich glaube auch an ihre Einschränkbarkeit. Ich habe nie politisch sein wollen und noch viel weniger wollte ich politisch sein müssen. Ich nahm mir die Willkür heraus, eine Notwendigkeit unter anderen, mich mit Menschen und ihrer seltsam verdunkelten Verfassung zu beschäftigen, nicht nur um sie zu erhellen, auch um sie vor dem allzu grellen Durchleuchtetwerden zu schützen; mit der Sprache der Menschen, nicht nur, um sie künstlerisch zu entwickeln, sondern auch, um sie erst eigentlich sprechen zu lernen und um ihre wahre Geschichtlichkeit zu entdecken und empfinden zu lernen.

Politisch sein wollen, gar parteipolitisch, das bedeutet für mich (vielleicht nur ein irrationaler Reflex, den ich brauchte für mein unfestgelegtes Beobachten), dem immanenten Vernunftbegriff des Machbaren und der angeblichen Sachzwänge zu verfallen, dem Realitätsprinzip. Die Welt in all ihren Unterordnungen wäre dann das Unvermeidliche, das in einen zwanghaften Fortschritt Gezwungene. Die Tendenz läge fest, und alle Qualifizierung und Quantifizierung verlängerte nur das einmal gegebene Einverständnis.

Eine solche Gegen-Haltung ist natürlich nicht beispielhaft; mancher wird sie als Nicht-Haltung bezeichnen. Aber sie ist die meine, und immerhin war sie, obwohl sie doch nicht bloßes Erdulden, sondern auch Resistenz gegen das Offizielle und auch Kritik enthielt, erlaubt. Politische Wut- und Ohnmachtsanfälle waren auch darin möglich, und auch die waren erlaubt bzw. nicht verboten. Es war auch einmal erlaubt, zumal einem Schriftsteller, eine besondere Affinität zur Gewalt zu haben, sei es kriminelle Gewalt oder die Gewalt gegen Terrorregimes, wo ihre Anwendung eine Frage des Überlebens ist.

Gewalt – welche Faszination geht davon aus. Sie ist zum Haupttopos der täglichen Unterhaltung und des Zeittotschlagens geworden, zur negativen, passiv erlebbaren Utopie des Ausbruchs aus Zwängen, der Freiheit. Wie gefährlich oder ungefährlich solche kollektiven Identifikationen sind, kann ich nicht beurteilen. Die Menschengeschichte ist zuallererst und bis auf den heutigen Tag eine Geschichte der Gewalt, erst dann eine Geschichte der Einschränkung von Gewalt. Und sie ist zuallererst eine Geschichte staatlicher und erst dann eine individueller Gewalt. Die Bundesrepublik hat im Verlauf ihrer Geschichte Gewalt relativ erfolgreich eingeschränkt, auch ihre eigene staatliche, durch relative liberale

Gesetzgebung. Für gefährlich aber halte ich es, bereits die Beschäftigung mit einer solchen Komponente menschlicher Existenz zu bedrohen, ihre Faszination zu leugnen oder gar aus der Gesellschaft herauswringen zu wollen. Es besteht die Gefahr, daß Gesetze, die zum Schutz der Menschen erlassen wurden, abgeändert werden zu Gesetzesfallen. Es besteht die Gefahr, daß jeder, der nicht täglich und unaufgefordert seinen Eid auf die Verfassung erneuert, zum Terrorsympathisanten erklärt wird. Es besteht die Gefahr, daß jene, die Staat und Gesellschaft nicht für verloren, sondern für reformierbar halten und in diesem Sinn Kritik üben, zu Mordgehilfen erklärt werden.

Du weißt, daß ich kein Gerechtigkeitsfanatiker bin. In der Quersumme alles Menschlichen wird wahrscheinlich immer ein Rest von Unrechtsstaatlichkeit enthalten sein, sei es auch nur zur Erinnerung an unsere Geschichte oder sei es, damit unsere Fähigkeit zur Kritik erhalten bleibe. Wer aber von Staats wegen unsere Bundesrepublik zu einem Utopia, zur besten aller Welten erklärt, der nimmt uns die Hoffnung auf eine bessere, der bringt uns auf den Weg zu einem geschlossenen System, das, kraft seiner Vollkommenheit, im Totalitarismus enden muß. Das nenne ich Sympathisantentum mit Terroristen und Mördern. Dahin wünschen die den Staat nämlich auch: zum Henker.

Und man soll doch nicht so tun, als lägen die Wurzeln des deutschen Terrorismus nicht auch in Deutschland. Diese Leute sind doch Fleisch von unserem Fleisch mindestens ebenso, wie es frühere und heutige Schreibtischtäter waren und sind. Man kann und will ihnen nicht die Verantwortung für ihre Verbrechen abnehmen, noch weniger kann man ihre Schuld auf der Gesellschaft verteilen, aber die Infektion hat in diesem Lande stattgefunden. Auch dieses Land bringt Verbrecher hervor, bildet destruktive Charaktere aus. Auch in diesem Land wird jedem Menschen seine Menschwerdung immer schwerer gemacht.

Vor solchen Leuten wie Baader, Raspe und Haag fürchte ich mich, und ich möchte auf keinen Fall, daß ihre Art der Menschenverachtung einmal Politik wird, aber ich freue mich, daß es immer noch Menschen gibt, die zugeben, für sie zu beten, oder die sich weigern, die Entwicklung der Bundesrepublik als völlig losgelöst von diesem Problem zu betrachten.

Hat denn die Bundesrepublik nicht zunehmend ihren Bestand abhängig gemacht von der Inflation jener Werte, auf denen sie aufgebaut wurde? Habe ich nicht, ebenfalls in diesen Tagen, das beispiellose Ansteigen der Selbstmordquote unter Jugendlichen in diesem Land vernommen? (Es muß sich dabei um jene Jugendlichen handeln, die sich dem wachsenden Tempo des Fortschritts nicht schnell genug anpassen konnten.) Ist nicht die Regierung entschlossen, Gesundheit und Leben der Bevölkerung aufs Spiel zu setzen zugunsten eines gigantischen atomaren Industrieprogramms, dessen Folgen absolut irreparabel sein werden? Hat nicht der Ministerpräsident von Niedersachsen jüngst öffentlich verstehen lassen, daß zur *Sympathiesantenszene* selbstverständlich auch Demonstranten gegen Atomkraftwerke gehören?

Es gibt terroristische Absichten in diesem Land, und die gilt es, gesetzlich zu verfolgen. Es gibt aber auch Absichten, diesen Terror politisch zu nutzen, und die gilt es zu erkennen und in sich selbst verkümmern zu lassen. Politische Menschen in allen Parteien, die noch nicht verlernt haben zu differenzieren und die noch einer Vorstellung von einem anderen, größeren Terror fähig sind, sollen sich aufgerufen wissen, solche Absichten zu bekämpfen.

Was bis jetzt geschehen ist, *muß* noch nicht alle demokratische Substanz vernichten. Es gibt aber Absichten, stark und destruktiv, mit Kritikern und Andersdenkenden fertig zu werden. Es gibt Absichten, mit denen um so besser fertig zu werden, als man mit der Arbeitslosigkeit (zum Beispiel) nicht fertig wird. Es gibt Absichten, ein Sympathisantenumfeld großzügig abzustecken, proportional zur Konjunkturkrise, proportional zur Krise.

Marion Gräfin Dönhoff

Die Proportionen nicht aus dem Auge verlieren

Brief an den niedersächsischen
Wissenschaftsminister Eduard Pestel

Lieber Herr Pestel,

als ich heute Auszüge aus dem *Mescalero*-Flugblatt des Göttinger AStA las, wurde ich an unsere gelegentlichen Gespräche über Ihre Tätigkeit im Club of Rome und dessen Sorgen erinnert. Armer, verglichen mit der geistigen Pollution, die an der Göttinger Universität spürbar wird und mit der Sie jetzt fertig werden müssen, ist die Endzeit-Diskussion, die Sie im Club of Rome seinerzeit in Gang gesetzt hatten, ein geradezu simples, weil berechenbares Problem.

Während der Ereignisse von Köln hier in Süditalien darauf angewiesen, Bruchstücke von Informationen einem klappernden Radio oder hier zufällig hergelangenden Zeitungen zu entnehmen, bin ich natürlich nicht voll im Bilde und überdies total isoliert von der allgemeinen Stimmungslage. So mögen meine Bemerkungen zum Fall Schleyer ganz und gar nicht adäquat sein.

Ich bin sehr erschrocken über das, was sich einem hier als die allgemeine Reaktion darstellt. So gut ich den ohnmächtigen Zorn verstehe, so abwegig erscheint mir der Ruf nach Rache. Irgend jemand, so las ich, habe als Repressalie und Gegenultimatum vorgeschlagen, den Entführern anzudrohen, daß jeden Tag, an dem Schleyer länger in Erpresserhaft gehalten werde, einer der Stammheimer Häftlinge an die Wand gestellt würde.

Also: mit Willkür und ohne Recht gegen Brutalität und Gesetzlosigkeit! Staatsterror gegen Individualterror: eine Schraube ohne Ende. Wenn dies die Antwort eines freiheitlich demokratischen Gemeinwesens auf die Attacken einer Mörder- und Räuberbande sein sollte, dann würde der Rechtsstaat, den jene zu vernichten trachten, in der Tat bald aus den Angeln gehoben sein – was diesen Desperados allein nie gelingen würde . . .

Man muß doch schließlich die Proportionen nicht aus den Augen verlieren: da sind ein paar freischwebende Irre, die sich nicht wie Maos Fische unter ihresgleichen tummeln (weil die Massen bei uns kein revolutionäres Bewußtsein haben), die vielmehr von Bürgern wie Arbeitern vehement abgelehnt werden; zwar reden sie davon, die Massen befreien zu wollen, aber um eines Kapitalisten «habhaft» zu werden, erschießen sie bedenkenlos vier «Lohnabhängige».

Diesen Abenteurern steht ein solider, gut funktionierender Staat gegenüber, dessen Bürger ohne große Sorgen leben und von niemandem drangsaliert werden, denen mehr Freiheit, Wohlstand und Sicherheit zur Verfügung stehen, die mehr Möglichkeiten haben, sich daheim eine höhere Bildung zuzulegen und draußen in der Welt herumzureisen, als dies je zuvor möglich war – für wen kann der Ausgang solchen Kräftemessens fraglich sein? Alles hängt ausschließlich von unserem Verhalten, unseren Reaktionen ab.

Gewiß, die Vorstellung hat etwas Bestürzendes: mitten in Bonn Sandsäcke, Stacheldraht, Panzerwagen. Ein zornerregendes Bild. Im Moment sind diese Utensilien unentbehrlich, aber sie werden es nicht lange sein. In wenigen Jahren schon wird man sich dieser Episode nur noch als eines Alptraums erinnern, wenn . . . ja wenn die Verantwortlichen sich das Gesetz des Handelns nicht aus der Hand winden lassen.

Ich finde die Reaktion der Regierung vorbildlich: fest und flexibel zugleich, entschlossen, den Emotionen des Publikums nicht nachzugeben, sondern immer wieder zu prüfen, zu beraten und die strikte Nachrichtensperre eisern durchzuhalten. Wenn nur die Opposition weiter standhält und der Versuchung widersteht, den Zorn der öffentlichen Meinung einzufangen und diesen kräftigen Strom auf die eigenen Parteimühlen zu leiten.

Ich beobachte mit Sorge, wie unduldsam und irrational beispielsweise die Leserbriefe werden, die zu meinen wiederholten Versuchen Stellung nehmen, den liberalen Standpunkt darzustellen. Liberale sind überflüssig, heißt es da, nein, schädlich: «Entweder ich stehe für etwas ein oder nicht.» Liberalität – die Grundlage unseres Rechtsstaates – ist also nicht etwas, sondern nichts. Bei der ersten wirklichen Anfechtung ist die erste Reaktion: der Ruf nach dem großen Knüppel. Einer sagte mir: «Mich kotzt das Geschwätz vom freiheitlichen Rechtsstaat an, ich kann es nicht mehr hören.» Ein anderer schrieb: «Jetzt muß der Staat aber endlich zuschlagen und seine Macht einsetzen. So kann das nicht weitergehen.» Kein Wort natürlich, wie der Betreffende sich denn das konkret vorstellt. Nun, Sie werden da noch ganz andere Dinge erleben.

Eine Zeitlang schien es, als hätten wir Bundesbürger weniger Sorgen als unsere Nachbarn. Jetzt sind wir plötzlich mit einem Problem konfrontiert, das mehr Bewährung von uns verlangt als von anderen gefordert wird: hart sein, ohne sich dem Haß hinzugeben, menschlich bleiben, ohne sich an Illusionen zu verlieren. Hoffentlich bestehen wir diese Bewährungsprobe, die ja uns allen gilt, nicht nur der Regierung.

Ich wünsche Ihnen in Ihrem Amt Zuversicht, Beharrlichkeit und gute Nerven

Ihre Marion Dönhoff

Freimut Duve

«Gewährte Freiheit»?

Sehr geehrter Herr Biedenkopf!

Wir sind uns gelegentlich begegnet zu Zeiten, in denen Sie als Generalsekretär der CDU «Neue Soziale Fragen» aufwarfen oder die Semantik in die Politik einzuführen versuchten. Kennengelernt hatten wir uns auf einer deutsch-englischen Tagung in Edinburgh, als Sie mit Ihrer These vom Fehlen einer Führungselite als der wichtigsten Ursache unserer Probleme nicht nur bei uns anwesenden Sozialdemokraten, sondern auch bei britischen Konservativen viel Widerspruch fanden. Aus meinem Widerspruch gegen die Elite-These ergab sich ein Gespräch, bei dem Sie sich als ein Mann zeigten, der bereit schien, die Sorgen, die einen Linken umtrieben, zumindest zu verstehen. Sie verteidigten mich – gern erinnere ich es – bei einem Empfang im Edinburgh Castle gegen die zornigen Angriffe eines deutschen Geschäftsmannes, der meine Warnung vor der zunehmenden Macht und der gefährlichen Unkontrollierbarkeit multinationaler Konzerne für absurd und für völlig unbegründet hielt. Sie gaben mir, nicht ihm recht. Diese Gesprächsbereitschaft und diese Offenheit für neue Probleme Ihnen auch dann zu attestieren, als die politischen Auseinandersetzungen – etwa im Wahlkampf 76 – nicht nur härter, sondern in der Substanz gefährlicher wurden, ist mir nicht leichtgefallen; vor allem nicht, als «Freiheit statt Sozialismus» den demokratischen Grundkonsens endgültig zu zerreißen drohte.

In der *Frankfurter Rundschau* vom 12. September 1977 las ich und durch Bestätigungen persönlich anwesender Journalisten weiß ich, daß Sie gemeinsam mit Ministerpräsident Albrecht im Zusammenhang mit den terroristischen Anschlägen Schriftsteller, Intellektuelle und Linksliberale, ja selbst Willy Brandt zu Mitverantwortlichen an diesen Mordtaten erklärt haben. Mit «klaren unmißverständlichen» Worten haben Sie dort unter anderem gesagt: «Die zentrale Strategie des Angriffs gegen die freiheitliche

Ordnung bestehe darin, Rechte und Freiheiten zu fordern und, sobald der Staat sie *gewährt* habe, zu mißbrauchen.» Dies alles sei, so doch wohl Ihre These, das zentrale Ziel der von Ihnen gegeißelten Intellektuellen als geistige Urheber des Terrorismus. Während ich dieses schreibe, ist das Schicksal von Martin Schleyer noch ungewiß und ungeklärt, andere Terrortaten können nach dem Tod eines holländischen Polizisten folgen, und so fällt es mir schwer, jetzt auf die von Ihnen und unzähligen Ihrer Parteifreunde – sozusagen über dem offenen Grab der Erschossenen – begonnenen Beschuldigungen zu antworten. Aber Ihr Parteivorsitzender hat eine große Veranstaltungskampagne angekündigt, und so werden wir uns wohl oder übel mit dieser gewiß nicht gerade neuen Form der Intellektuellenbeschimpfung auseinandersetzen müssen.

Lassen Sie mich zunächst die gefühlsmäßigen Elemente meiner Reaktion auf diese neuerliche Intellektuellenhatz loswerden, da ich dann um so kühler und rationaler versuchen möchte, die notwendige Klarheit zu schaffen, die tunlichst auch bei zerbrochenem Konsens vorhanden bleiben sollte.

Ich bin etwa gleichaltrig mit einem Sozialdemokraten, der seit einigen Jahren Bürgermeister von Hamburg ist. Wir streiten uns – wie in unserer mehr auf Diskussion als auf Stromlinie ausgerichteten Partei üblich – seit nun zwölf Jahren über die Inhalte der Politik. Dieser Vierzigjährige kann seit einigen Jahren nicht mehr ohne bewaffnete Begleitung das Haus verlassen. Er kann in der Stadt, zu deren Bürgermeister wir ihn gewählt haben, nicht mehr frei spazieren. Ähnlich wird es Ihnen gehen und vielen durch den Terrorismus gefährdeten Menschen.

Diese Vorstellung vom schwer bewachten Spitzenpolitiker treibt mich um. Die Demokratie muß Schaden nehmen, in der die Gewählten nicht mehr unter die Wähler treten können. Dies ist eine Einschnürung der Dialog- und Kommunikationsmöglichkeiten unserer Demokratie, die alle Spitzenpolitiker, einige prominente Publizisten und nach der Ermordung Pontos und der Entführung Schleyers auch unzählige Spitzenmänner der Wirtschaft betrifft. Schon allein dieses tägliche Bewachungsgetto verlangt von jedem einzelnen der Betroffenen ein Höchstmaß an Disziplin und Sachlichkeit, wenn die Gelassenheit, von der Helmut Schmidt in seiner Regierungserklärung zum Terrorismus gesprochen hat, Platz greifen soll. SPD-Politikern werfen nun Sie und ihre Unionsfreunde vor, sie seien heimliche Wegbereiter des Terrorismus.

Wie eigentlich sollen wir Beobachter (und Betroffene im doppelten Wortsinne) diese Ungeheuerlichkeit deuten? Als vor vier Jahren in einem blutigen militärischen Terrorakt die Verfassung, die Verfassungsorgane, der Präsident und mit ihm Tausende von verfassungstreuen Demokraten und Sozialisten in Chile umgebracht wurden, waren wir empört darüber, daß Spitzenpolitiker Ihrer Partei über diesen Terroranschlag auf eine befreundete alte demokratische Republik eher Positives zu berichten wußten. Übrigens waren damals auch viele chilenische Christdemokraten über die bundesdeutsche Schwesterpartei entsetzt. Allerdings hat damals wohl niemand verlangt, daß sich Unionspolitiker von diesem Pinochet-Terror distanzieren sollten. Denn zwischen der keineswegs nur klammheimlichen Genugtuung, mit der der damalige Fraktionsvorsitzende ihrer Partei Carstens *nach*, nicht vor dem blutigen Putsch erklärte, dieser beweise, Demokratie und Sozialismus seien unvereinbar, und der aktiven Unterstützung von Mord und Folterung ist gewiß ein großer Unterschied. Auch daß der hessische Landesvorsitzende Alfred Dregger zwischen der CDU und der diktatorischen Einheitspartei des Iran «enge Beziehungen gestalten» möchte, deutet nicht direkt auf Unterstützung von terroristischen Methoden, die unserer Verfassung diametral entgegenstehen. Natürlich wären viele Demokraten in unserem Lande erleichtert, wenn sich die Union und nicht gerade die «Einheitspartei», die sich ein Herrscher des Morgenlandes vor zwei Jahren zugelegt hat, zum internationlen Partner aussuchen würde. Ist ihr die extremistische, durch und durch undemokratische iranische Einheitspartei näher als die bundesdeutsche SPD? (Vgl. *Süddeutsche Zeitung* vom 18. April 1977)

Aber lassen Sie uns versuchen festzustellen, ob wir das gleiche meinen, wenn wir Demokratie sagen, ob wir das gleiche verteidigen, wenn wir die Republik verteidigen.

In Emden haben Sie davon gesprochen, der «Staat habe zu viele Freiheiten *gewährt*». Wo in unserer Verfassung gewährt der Staat Freiheiten? Ist es nicht so, daß alle Gewalt vom Volke ausgeht, daß also der Souverän über seine Repräsentanten im Parlament dem Staat Gewalt gewährt und nicht umgekehrt? Ist es nicht so – und lernt dies nicht jeder Schüler und spätestens jeder Lehramtsanwärter –, daß der Staat eben nicht der Gewährer von Freiheiten ist? Liegt nicht gerade hier der zentrale Unterschied der demokratischen Verfassungsstaaten gegenüber den Diktaturen? Könnte einen solchen Satz nicht viel eher der Schah von Persien gesagt haben, wenn er über die Forderungen der intellektuellen persischen Opposition spricht (die allerdings zumeist im Gefängnis oder im Ausland ist)?

Als sich vor zehn Jahren der schleswig-holsteinische CDU-Abgeordnete Hermann Glüsing ähnlich verfassungsfremd über eine ihm zu linke Fernsehsendung so äußerte: «Wir sind schon einmal an der überstrapazierten Objektivität und an den so großzügig *gewährten* Freiheiten gescheitert» (*Die Welt*, 28. Juli 1967), hielt ich dies für eine bedenkliche, aber wohl doch nicht repräsentative Verfassungsunkenntnis. Wenn aber die Formel von der *Gewährung der Freiheiten* durch den Staat (und diese Formel stellt ja, da werden Sie mir zustimmen, unsere Verfassung auf den Kopf) von dem ehemaligen CDU-Generalsekretär gebraucht wird, der zudem anerkannter Rechtswissenschaftler und ehemaliger Hochschulrektor ist, dann müssen doch weiterführende Fragen gestellt werden.

Ich kann und will Sie nun keineswegs jener von mir stets bekämpften (weil auch unwirksamen) hochnotpeinlichen Prüfung unterziehen, mit der bereits Zigtausende auf ihre Verfassungsbekenntnisse und Verfassungszustimmung geprüft worden sind.

Ich möchte lediglich in Erfahrung bringen, wo wir anfangen sollen, wenn je die gemeinsame Plattform für die «Solidarität der Demokraten» wieder gezimmert werden sollte, die seit Chile und «Freiheit statt Sozialismus» zusammengebrochen ist. Wenn wir die Geister, die Sie und einige Ihrer Parteifreunde derzeit rufen, eines Tages wieder loswerden wollen, dann wird eine solche Verständigung dringend.

Wo können wir uns historisch treffen? Bei der Geschichte der Arbeiterbewegung wohl nicht. Aber steht in Ihrer politischen Genealogie Georg Büchner oder Metternich? Ist die Paulskirche unser gemeinsamer Vorort oder fängt das alles erst mit Scheidemanns, des Sozialdemokraten Berliner Erklärung vom Vormittag des 9. November 1918 vor dem Reichstagsgebäude an?

Oder begleitet Sie die Skepsis, durch die Weimarer Republik, an deren Ende es keine konservativen Demokraten gab, die mit den Sozialdemokraten gegen das Ermächtigungsgesetz den Mut hatten zu stimmen, in der Reichskanzler (Brüning) und Staatsoberhaupt (Hindenburg) konspirierten zur Abschaffung der Republik? (H. Brüning, ‹*Memoiren*›, Stuttgart 1970, S. 512). Ist

Hindenburg unser gemeinsamer Gegner; gehört er in die Tradition Ihrer Partei?

Was sind der Union die bürgerlich-demokratischen Freiheitsbewegungen des 19. Jahrhunderts? Vorläufer oder Staatsfeinde?

Helmut Kohl hat auf der Grundwerte-Tagung der CDU in Berlin im September 1977 nach einem Bericht der *Süddeutschen* vom 23. September zwei Begriffskolumnen einander gegenübergestellt. Die eine nahm er für die Union in Anspruch, die andere galt für Sozialdemokraten und «Systemveränderer»: Die Begriffe *Autorität, Herrschaft, Staat* und *Macht, Ordnung* und *Disziplin* verteidigt Kohl dort für die Union gegen die Linken. Die Begriffe *Reform, Emanzipation, Befreiung, Demonstration, Protest* und *Konflikt* seien die fälschlich aufgewerteten Gegenbegriffe der Linken seit einigen Jahren. Alle Begriffe, die Kohl hier für die Union in Anspruch nimmt, gehören auch in das Sprachreservoir der vordemokratischen absolutistischen, ja der feudalen Zeit. Lessings *‹Erziehung des Menschengeschlechts›* ist eine *Emanzipations*schrift, die bürgerlichen Vorkämpfer unserer Bundesrepublik im 19. Jahrhundert sind ohne die Begriffe *Reform, Befreiung, Demonstration, Protest* gar nicht denkbar, aus ihnen ist die bürgerliche Republik entstanden – ohne sie hätte es die Paulskirche nie gegeben. Und die für die deutsche Geschichte so verhängnisvollen kontinuierlichen Restaurationen, mit denen diese bürgerlich-demokratischen Strömungen erstickt wurden, sind stets von Begriffen wie *Autorität, Herrschaft, Staat, Macht* und *Ordnung* getragen gewesen. Die Verfassung der Bundesrepublik, die Arbeit des Parlamentarischen Rates wäre unmöglich gewesen, hätte es in Deutschland nicht eine über hundertjährige Geschichte der aufklärerischen Befreiungsbewegung gegeben. Hat also die Union mit Helmut Kohls Worten von Berlin die Basis des demokratischen Freiheitskampfes wieder einmal verlassen? Ist sie dabei, sich in ein absolutistisches Staatsgehäuse der gnädig gewährten Freiheiten zurückzubegeben? Solch ein Staat verfährt zwar äußerst sanft mit der Wirtschaft und ist ein Musterbeispiel an Zurückhaltung, wenn es um Lehrlingsausbildung oder Mitbestimmung geht, er gibt sich aber dem Bürger gegenüber nicht als Freiheitsgarant, sondern als gnädiger Freiheitsgewährer. Das wäre nicht der Staat des Grundgesetzes. Die Herrenchiemsee-Versammlung hat keine Freiheiten entworfen, die dann vom «intakten Staat» hätten «gewährt» werden sollen: Der Staat hat die erkämpften Freiheiten zu gewährleisten, nicht zu gewähren.

All das muß geklärt werden, wenn irgendwann Verständigung wieder möglich sein soll. Da Sie in Emden, nachdem Ernst Albrecht zu den Sympathisanten der Terroristen Heinrich Böll und den NDR gezählt hatte, Willy Brandt hinzugerechnet haben, kann ich nicht überblicken, wie es in Kurt Biedenkopfs Vorstellung noch jene im Grundgesetz verankerte pluralistische Demokratie geben kann. Das alles läuft doch auf die Rastakhiz des Schah, auf die Formierung der Einheitspartei hinaus, in der andere keinen Platz mehr haben. Sie wissen vielleicht, daß sowohl Brasilien wie auch der Iran stets die Bemühungen um die Gründungen demokratischer Parteien mit dem Hinweis auf Terror abgeblockt haben.

Ich habe dieser Tage einen Brief an einen französischen Freund, den Schriftsteller Régis Debray, geschrieben, dessen selbstkritische Abkehr vom bewaffneten Kampf gegen die lateinamerikanischen Diktaturen ich vor einiger Zeit in Deutschland veröffentlicht hatte. Da ich Ihrer Rede in Emden entnehmen muß, daß Sie über die Sorgen und über das Verfassungsverständnis der von Ihnen sogenannten Linksintellektuellen herzlich wenig wissen, hier eine Abschrift dieses Briefes.

Hamburg, im September 1977

Lieber Régis,

Du wirst verzeihen, daß ich Dich hier zum Adressaten einiger Gedanken mache, die aufzuschreiben wichtiger sind, seit die Baaders und ihre Nutznießer nicht nur unsere eigene Republik gefährden, sondern auch die Verständigungschancen zwischen Deutschen und Franzosen und, wie in meinem Falle, zwischen französischen und deutschen Linken. Ich schreibe Dir, weil ich aus unseren Gesprächen weiß, daß unser beider Verständigung nicht bedroht ist und weil Du vielleicht bei Deinen Freunden verdeutlichen kannst, was anderen schlecht abgenommen wird. Bei unserem Gespräch in Hamburg vor einiger Zeit fragte ich Dich nach Deiner Einschätzung der Situation in Lateinamerika, insbesondere nach Deiner Beurteilung der Bemühungen Willy Brandts, mit lateinamerikanischen demokratischen Sozialisten in ein intensives Gespräch zu kommen. Willy Brandt hatte ja an einem sozialistischen Treffen in Caracas teilgenommen. Du sagtest: «Die Demokratischen Sozialisten in Venezuela und anderswo sind heute der letzte Damm gegen die Sintflut (*dernier barrage contre le deluge*)». Ich habe mich gefreut über diese Einschätzung der Sozialistischen Internationale, so schwach diese auch immer sein mag. Du machtest Dir große Sorgen um die innere Entwicklung der Bundesrepublik, von der Du wenig wußtest, die Du aber sehr ernst nahmst. Bei vielen dieser Sorgen, die ja auch von anderen Freunden im Ausland seit Jahren geteilt werden, mußte und muß ich Euch zustimmen. Der gefährliche Irrweg der «Berufsverbote» ist nicht nur durch unseren innerparteilichen und öffentlichen Widerstand gebremst worden, sondern auch durch Eure internationale Mahnung. Hier hat zum Beispiel auch Dein Landsmann Alfred Grosser wichtigen Anteil am graduellen Wandel. Nun aber gibt es gefährlichere Gegenstände, die wir zu besprechen haben. Uns Deutsche und vor allem uns bundesdeutsche Linke hat die Reaktion eines Teils der französischen Intellektuellen erschreckt. Unser gefährlichster Feind ist der Terrorismus, denn er ist das Werkzeug, mit dem das einzige zerstört werden kann, das deutsche Demokraten, linke, liberale, ja auch rechte, besitzen. Wir haben nur diese Republik, nichts anderes. Wir haben keine gemeinsame historische Erinnerung an die Résistance oder gar an die eine erfolgreiche Revolution, die es Euch soviel leichter macht im Umgang mit Euren nun schon fünf Republiken. Du, der Du in Lateinamerika erlebt hast, was wirkliche Diktatur bedeutet, kennst den Unterschied zwischen Nicaragua, Bolivien und Chile und der französischen Republik – auch der von de Gaulle und Giscard. Gradueller Unterschied vielleicht für die Analyse, für das reale tägliche Leben, aber genau jener qualitative Unterschied, der Tausende von Lateinamerikanern ins europäische Exil treibt. Wir leben und reden in diesen westeuropäischen Republiken. Wir sind verzweifelt, wenn Verfassungsrechte angetastet werden. Wir setzen uns zur Wehr. Wir streiten mit den Konservativen, wir bekämpfen die Reaktionäre. Aber wir tummeln uns in demokratischen Gewässern. Oft bedrängt und außer Atem, aber wir selbst leben gut in diesen Republiken, in denen beileibe nicht alle gut leben. Ich schreibe von *unseren* Republiken, von Deiner französischen, von meiner deutschen.

Von meiner deutschen. Ich will heute nicht die unzähligen traurigen Tatbestände schildern, die die Verteidigung dieser Republik so schwer machen. Das habe ich oft und immer wieder getan. Ich möchte statt dessen versuchen, Dich auf einige historische Schwierigkeiten aufmerksam zu machen, die all jenen bei Euch, die jetzt dem Croissant zuhören und den Baader für einen der ihren halten, gewiß entgangen sind.

Ein französischer Freund erzählte mir vor einigen Tagen, Andreas Baader und seine Leute seien ja praktisch durch den «Repressionsapparat gezwungen worden, mit Waffengewalt zu reagieren». Ich muß leider annehmen, daß viele junge Franzosen diese unglaublich verkehrte Ansicht teilen. Andreas Baader und seine Leute, die Mörder von Köln noch gar nicht gerechnet, haben ursächlich und verantwortlich mehr zur Einschüchterung der Demokratie in unserem Lande beigetragen, als ganze Legionen von antidemokratischen Exnazis je hätten erreichen können. Sie haben – ohne Not – zu morden angefangen, als der Präsident dieser Republik Gustav Heinemann und der Kanzler dieser Republik Willy

Brandt hießen. Sie haben ein Kaufhaus in Frankfurt angezündet, als diese Republik, angetrieben durch linken und liberalen Reformwillen, sich gerade anschickte, den autoritär-erstarrten Adenauerstaat zu überwinden, als diese Republik sich anschickte, ihre Heucheleien, Falschmünzereien aufzudecken, und als wir anfingen, demokratisch mit den Rechten um Besserung zu ringen. Die Baaders fingen mit selbstherrlicher «Kriegserklärung» an, als überall im Lande, auch kleinste und engherzigste Stadtverwaltungen, begonnen hatten, die Decke von den sozialen und wirtschaftlichen Elendsnischen dieser reichen Gesellschaft zu ziehen. Als sich zum erstenmal seit den zwanziger Jahren eine nicht nur wortmächtige Linke um die Not in der kapitalistischen Gesellschaft kümmerte, als mit extrem knapper Mehrheit diese Republik zu beweisen sich anschickte, daß sie gekräftigt genug sei, durch Reformen die menschenfeindlichen Züge des Kapitalismus zu überwinden. Natürlich sind wir heute einen kleinen Schritt weiter in der Mitbestimmung, wir sind faktisch einen Schritt weiter in der sozialen Sicherung der Arbeitnehmer. Wir sind ein Sozialstaat.

Aber natürlich sind wir ein Teilgebilde der deutschen Geschichte geblieben. Die NSDAP in unserem Rücken und die SED nebenan.

Die Weimarer Republik war schwach. Als rechte Freicorps und Femebanden sozialistische und demokratische Politiker ermordeten, da freute sich so ziemlich alles, was Rang und Namen aus der Kaiserzeit in die Republik gerettet hatte. Für die rechtsextremistischen Baaders der Weimarer Republik gab es offene Unterstützung und beklatschten Freispruch durch die Gerichte. Vor dreißig Jahren ist unsere Verfassung geschrieben worden. Du wirst es vielleicht nur schwer verstehen, aber für viele Linke in der Bundesrepublik ist gerade diese Verfassung das wichtigste und bedeutendste Dokument ihrer Hoffnungen und ihrer Sicherheiten. Wir kämpfen für diese Verfassung vor allem dort, wo der Staat selbst die Verfassung einschnürt mit dem Argument, er wolle die Verfassung schützen. Niemand hat den Kräften, die bei uns immer noch die *Würde des Staates* höherschätzen als die *Würde des Menschen*, mehr Aufschwung, mehr Rechtfertigung und mehr Zustimmung bei der Bevölkerung vermittelt, als die Baaders und ihre publizistischen Nutznießer. Wenn auf Polizisten geschossen wird in einer demokratischen Republik, dann rufen die Bürger nach dem Schutz des Staates, nach mehr Polizei. In Brasilien ist der terroristische Staat so stark und so schwach zugleich, daß er nicht einmal die «Konkurrenz» der Todesschwadron eindämmen wollte und konnte. Wehe uns, wenn sich Private zu Baader-Jägern zusammentun.

Warum gibt es eine so deutliche Lobpreisung von Jean Genet für die gefährlichsten Feinde aller Fortschrittschancen unserer Republik? Viele deutsche Linke stellen diese Frage. Etwas boshaft habe ich einem neulich gesagt, da gibt es wohl in Frankreich Vichy-Linke, die einen deutschen

Terror-General namens Baader anbeten, weil sie selber unter ihrer Pariser Café-Radikalität leiden.

Die sollten sich ihrer Café-Radikalität freuen. Frankreich ist zu beneiden um seine Selbstsicherheit, mit der es akzeptieren kann, daß ein Schriftsteller einen Baader in einer Tageszeitung verherrlicht. In meinem Lande gab es vor einer Generation realen, von der Mehrheit getragenen Faschismus, in meinem Land gibt es seit einer Generation «realen», von der Mehrheit nur ertragenen «Sozialismus».

Wir haben nur diese Republik. Wir haben nicht einmal jene nationale Identität, die es uns erlauben könnte, ein wenig lässig mit unserer Verfassung umzugehen. Der Widerstand gerade der linken und liberalen Demokraten gegen jede Verfassungsänderung rührt ja auch daher, daß diese 1949 verabschiedete Verfassung, daß diese Republik auch historisch unsere einzige Loyalitäts- und Identifikationsplattform ist. Sie ist für uns demokratische Sozialisten, wie Du weißt, nicht Instrument, sondern Prinzip und Wert. Denn nur in ihrem Rahmen können demokratische Sozialisten Ziele anstreben, die Andersdenkende mit anderen Zielen nicht ausschließen. Aber das ist gewiß nicht leicht mit der Nazipartei hinter uns und der SED nebenan. Das ist gewiß nicht leicht, wenn uns eine sich sozialistisch nennende Regierung ihre besten Schriftsteller und Sänger frei Haus herüberschickt und ihre besten und klarsten – marxistischen – Intellektuellen einsperrt, wie Bahro ins Gefängnis, wie Havemann ins eigene Haus. Da ist es nicht gar so leicht, den Antikommunismus mit guten (historischen) Gründen zu bekämpfen.

Euch hat die Geschichte Filter eingebaut zwischen Eure Worte und Eure Taten, zwischen Eure heroischen Gesten und Eure Tagesmelancholie. Ihr hattet die eine große erfolgreiche Revolution – mit Robespierre könnt Ihr leben –, Ihr hattet die großartige Résistance, die jedem Franzosen bewußt gemacht hat, daß der wahre Patriotismus stets bei denjenigen ist, die nicht kosmopolitisch auswandern können, bei den Linken, beim Volk. So habt Ihr einen demokratisch-patriotischen Konsens des Widerstands gegen Angriffe auf die Würde Eurer geistigen und politischen Republik. All das bewundere ich, aber es ist heute zuwenig. Ihr wißt zuwenig von uns (vielleicht auch von den anderen Ländern), da Ihr alles rasch in Begriffe fassen müßt, habt Ihr Euer fertiges Bild von unseren Verhältnissen im Griff. Realanalysen interessieren Euch weniger . . . So besteht die Gefahr eines geistigen Provinzialismus auf sehr hohem Niveau.

Wenn ich «Euch» anspreche, dann kann ich Dich nicht meinen. Denn wer wüßte besser als Du, daß die Europäisierung des Terrorismus durchaus die Chilenisierung Europas bewirken kann. Die französischen Linksintellektuellen können und dürfen die Entwicklung in der Bundesrepublik nicht mehr als kitzlige Ersatz-Résistance betrachten. Was hier geschieht, betrifft auch Euch, was bei Euch gedacht und gesagt wird, betrifft und trifft auch uns.

Für uns alle hier in Westeuropa stellt sich die Alternative schon seit langem so: Nicht Sympathie für oder Verurteilung des Terrors, sondern Duldung oder aktive Bekämpfung. Wir müssen diesen Terror aktiv bekämpfen. Er mordet mit jedem Bürger, ob Polizist, Politiker oder Arbeitgeber, auch ein Stück jener Demokratie, für die bei uns Namen wie Gustav Heinemann und Heinrich Böll, aber auch Willy Brandt und Helmut Schmidt, ja auch Helmut Schmidt, stehen. Denn wir kämpfen ja doch auch darum, daß wir unsere Meinungsverschiedenheiten über den richtigen politischen Weg mit *Worten* austragen können. Mit jedem Mord und den echten wie geheuchelten Reaktionen auf ihn wird ein Stück unserer Republik mit weggeschossen.

Mit herzlichen Grüßen

Soweit dieser Brief, der davon ausgehen kann, beim Adressaten die Gemeinsamkeit der Überzeugung anzutreffen, daß nur die Erhaltung der demokratischen Staatsform eine Erhaltung der humanistischen, liberalen und sozialistischen Tradition garantiert.

Lassen Sie mich zum Schluß an eine Bemerkung anknüpfen, die Sie im vergangenen Jahr zur Sie erschreckenden Stärke der italienischen Kommunisten gemacht haben. Damals sagten Sie etwa, die Stärke der KPI sei das Resultat der Schwäche der italienischen Sozialisten. Für mich gilt der Umkehrschluß, angewendet auf die Bundesrepublik, durchaus: Die Stärke der Sozialdemokratie schwächt nicht nur die Kommunisten, sie garantiert auch den Fortbestand jener Republik, die auf Begriffen wie Reform und Emanzipation des Menschen aufgebaut ist.

Ihre derzeitige Kampagne gegen die Intellektuellen, gegen die Literaten und gegen die Sozialdemokratie als vermeintliche Wegbereiter des Terrorismus kann doch nur die langfristige endgültige Ausschaltung dieser Kräfte aus dem politischen Leben zum Ziel haben. Aber ich bin sehr optimistisch, daß diese große Denunziation erfolglos bleiben wird. Auch wenn der Erhardsche Pinschervergleich uns Publizisten an blühende Oasen der politischen Kultur erinnert, verglichen mit den Schmähungen 1977. Sollten Sie allerdings Erfolg mit alldem haben, so sehe ich in diesem Lande keine politische und moralische Kraft, die nach Verstummen der Intellektuellen und Entmachtung der SPD in der Lage wäre, die Besonneren in der CDU vor den selbst erzeugten Fluten zu retten. Aber soweit sind wir noch nicht. Richard von Weizsäcker, Manfred Rommel und – schön wär's ja doch, auch Kurt Biedenkopf können sich felsenfest darauf verlassen, unser Kampf zur Verteidigung der Republik wird erfolgreich sein. Die drei Genannten und Tausende von verwirrten christlichen Demokraten in der CDU können ruhig (weiter) schlafen.

Mit freundlichen Grüßen
Ihr Freimut Duve

Axel Eggebrecht

Die Enkel der Hitlergeneration

An Jean Améry

September 1977

Lieber Freund –

ich schreibe Dir nicht, um Dich über die neuesten *querelles allemandes* zu informieren. Da kennst Du Dich aus. Mit erstaunlicher Großmut bemühst Du Dich, das Unbegreifliche zu begreifen, das hierzulande geschah und noch geschieht. Nicht Dich habe ich zu belehren, eher mich selber.

Um Klarheit zu gewinnen über Sorgen und Ängste, die manche von uns quälen, spreche ich zu Dir, dem kundigen Zuhörer. Denn es ist spät, rasch wächst die Gefahr. Von links? Das wird uns jeden Tag suggeriert. Es ist ein Irrtum. Oder eine Irreführung. Und da sind wir schon bei der Sache.

Erst fünf Jahre ist es her, da ging eine Welle der Hoffnung, der Zuversicht durch dieses Land. Aufrichtig war die Bereitschaft, an einer sozialen, ja sozialistischen Demokratie tatkräftig mitzubauen. Viele damals Begeisterte zucken heute die Achseln über ihre Illusionen. Wie kam es dazu?

Ein beliebte Antwort ist sicherlich nicht völlig falsch: Durch übermäßigen Wohlstand verwöhnt, kapitulierten erschrockene Bürger beim ersten Anzeichen eines Rückschlags. Sonderbar! Einst rüttelte doch, so wird uns überliefert, soziale Ungewißheit die Untertanen zum Widerstand auf. Heute scheinen die Betroffenen nun erst recht zu kuschen. Damit ist, ich weiß es wohl, natürlich nicht alles erklärt. Soviel aber ist für mich gewiß: Der Götze ERFOLG sitzt schier unausrottbar fest in Millionen Köpfen und Gemütern.

Die laut gepriesene freiheitlich-demokratische Ordnung wird so aufgefaßt, als sei sie identisch mit materiellem Wohlergehen. Hapert es da, dann fliegen die geheiligten Grundwerte über Bord; und es bestätigt sich, was Skeptiker schon immer sagten: Demokratie bleibt in Deutschland eine Importware. Nie wurde sie durch eine bürgerliche Revolution errungen, nie organisch weiterentwickelt.

Insgeheim aber lebt die Liebe zum Staat des Kaisers, Hindenburgs, sogar Hitlers fort. Und da besondere Umstände es zu verlangen scheinen, wandelt die Als-ob-Demokratie sich zurück in den alten Obrigkeitsstaat. Beweise für einen bedrohlichen Notstand liefern die paar Dutzend verrannter Terroristen. Es handelt sich paradoxerweise fast ausnahmslos um Söhne und Töchter eben jenes Bürgertums, dessen prominente Figuren von den verbrecherischen Anschlägen betroffen werden. Diese Attentate haben nicht das mindeste mit linker Politik zu tun, als deren Extremfälle sie dennoch von der Rechten ausgegeben werden. Es sind vielmehr klassische Beispiele für einen anarchischen Zerstörungswahn, der abwegige, aber durchaus erkennbare Antriebe hat. Enkel der Hitlergeneration rächen sich an Großvätern und Vätern für die Verdrängung der Nazigreuel. Sie holen sozusagen die stets versäumte Abrechnung auf eine blutige, verrückte Weise nach.

Das erlaubt nun tatsächlich einen Vergleich mit den rechtsradikalen Mördern um 1920. Die wollten die Niederlage und die Schmach von Versailles gleichsam annullieren, indem sie Erzberger und Rathenau umbrachten. Heute haben die brutalen Anschläge noch weit irrealere Motive.

Gerade damit liefern sie der reaktionären Opposition bösartige Scheinargumente gegen die sozial-liberale Koalition, gegen alle progressiven Kräfte in diesem Land. Offenbar wollen sie just das. Zwar ist man überall, wie ich höre auch bei Euch in Belgien, darüber einig, daß die Terrorseuche vor allem uns Linken schadet. Dennoch werden wir von rechts summarisch als Anstifter, als «Schreibtischtäter» der Attentate denunziert. Und nun, da der Generalangriff auf freie, kritische Köpfe in vollem Gange ist, wird jeder auch nur halbwegs liberale Gegner als «Sympathisant» der Verbrecher geschmäht.

Darunter kann und soll sich jeder etwas anderes vorstellen. Zutreffend fühlte sich das *Allgemeine Sonntagsblatt* an den «Volksfeind» vergangener Zeiten erinnert. Völlig vergeblich warnte der noble konservative Bürgermeister Rommel davor, jeden Linken blindlings der Sympathie mit Mördern zu bezichtigen.

Als Sympathisant ist schon der verdächtig, der es unterläßt, wütige (und naturgemäß gänzlich nutzlose) Hetzreden gegen die

Mörder zu führen. Erst recht ist abgestempelt, wer den Ursachen des Schreckens ohne Emotionen nachforscht; wer historische oder auch aktuelle Vergleiche zieht, etwa mit Irland oder Südafrika. Verhaßt macht sich, wer in den Terroristen übersteigerte, krankhafte Idealisten vermutet; was immerhin naheliegt, da diese verlorenen Kinder der Gesellschaft keinerlei Vorteile für sich selber erlangen wollen, was immer ihre verschwommenen Ansichten sein mögen.

Förmlich zum Komplicen wird jeder, der auch nur theoretisch Änderungen unseres Staats- und Wirtschaftssystems erörtert. Die Artikel 14 und 15 des Grundgesetzes erlauben das zwar ausdrücklich. Ein anständiger Mensch hat sich darauf nicht zu berufen, das verrät nun schon, was unter Metternich «die schlechte Gesinnung» hieß.

Wer aber kümmert sich von Amts wegen um die ganz und gar nicht getarnten Sympathisanten des Hitlerheros Rudel? Der tritt öffentlich auf, wirbt für neonazistische Gruppen, wird von Offizieren der Bundeswehr gefeiert, die unseren Staat schützen sollen. Ich gestehe offen, daß dergleichen mich mehr bedrückt als der Terrorismus; schon deshalb, weil der ins Leere zielt, während die neuen Nazis genau wissen, worauf sie hinauswollen.

Alfred Grosser, der solche und andere deutsche Malaisen seit Jahren aufmerksam verfolgt, schrieb jüngst, wir lebten nun in «einer Zeit, wo man bei der Wahl der Worte bereits zum Täter werden kann». Er sieht ein Reich der ständigen Bespitzelung, der Ausschließung von Andersdenkenden kommen, das teilweise schon begonnen hat. Grosser spricht von der Gefahr «einer Verwandlung der politischen Gesellschaft der Bundesrepublik durch den Mord, durch die Mörder» – die damit einen unglaublichen Erfolg erzielt haben.

Was ist dagegen zu tun? Mit Scharfmacherei, härteren Gesetzen, dem Ruf nach der Todesstrafe wird nichts geändert. Sonst trifft das ein, was der konservative Bonner Jurist Hans Dahs schon vor Jahren voraussagte: Der Gesetzgeber würde den freiheitlichen Staat zu Tode schützen.

Geht es möglicherweise mit einer Änderung unserer Verfassung? Auch das würde schieflaufen. Die Versäumnisse von Jahrzehnten, von Jahrhunderten deutscher Historie lassen sich nicht im Schnellverfahren nachholen. Wir haben nun einmal den Umgang mit der zivilen Freiheit nie so recht gelernt. Darauf spekulieren die Terroristen. Sie wollen uns den Schneid abkaufen, damit wir uns der Macht, den Mächtigen im Staate anvertrauen. Schon stellte Lutz Dieckerhoff vom Vorstand der IG Metall fest: «Der Marsch in den Unternehmerstaat hat begonnen.» Wird daraus der Marsch in den Militärstaat, dann dürfen sich die Attentäter endgültig gerechtfertigt fühlen.

Noch können wir ihnen Widerstand in Freiheit leisten! Dabei ist, so scheint es mir, der laute Ruf nach einer Gemeinschaft aller Demokraten eine Falle: Zu viele Antidemokraten wollen dabei profitieren. Auch in diesem kritischen Augenblick müssen wir uns von falschen Verbündeten – von Wölfen im Schafspelz – ebenso entschieden distanzieren wie von den brutal angreifenden Feinden.

Nötig ist also: Polarisierung. Du weißt, Jean, sie gilt bei uns als verpönt. Doch kann sie alle redlich demokratischen Kräfte stärken. Diese Chance haben wir jetzt, vielleicht zum letztenmal für lange Zeit. Wie es weitergeht, weiß niemand. Eines ist für mich klar: Wir müssen etwas wagen. Vor zwei Jahrhunderten schrieb der alte Lichtenberg: «Ich kann freilich nicht sagen, ob es besser werden wird, wenn es anders wird; aber soviel kann ich sagen – es muß anders werden, wenn es gut werden soll.»

Iring Fetscher

Die perverse Dialektik dieses Denkens

Frankfurt, 17. 9. 1977

Lieber Freund,

ich weiß nicht, worüber ich stärker beunruhigt bin, über die sinnlosen Akte kaltblütiger Terroristen, die nun zum drittenmal in relativ kurzer Zeit skrupellos gemordet haben oder über die unbesonnene, hysterische Reaktion eines Teils der deutschen Presse und einiger sich für konservativ haltender Politiker. Es sieht so aus, als hätten die Ereignisse in Karlsruhe, Oberursel und Köln mit einemmal das unsichere Fundament des bundesdeutschen Selbstbewußtseins sichtbar gemacht. Mit einem blinden Übereifer werden neue Gesetze, neue Maßnahmen, vermehrte Investitionen in den (allerdings schlecht organisierten) Polizeiapparat vorgeschlagen und von ehemals liberalen Professoren die Verfassung der Bundesrepublik zur Disposition gestellt. Ein Politiker fordert den Einsatz der Bundeswehr – jedenfalls zum «Objektschutz», andere sprechen von der Nützlichkeit der Todesstrafe, dritte greifen die hirnverbrannte und arrogante Terminologie der Terroristen auf und reden selbst von «Guerillakrieg» . . . Kein Wunder, daß ausländische Journalisten, die die Bonner Szene beobachten oder unsere Zeitungen lesen – je nach Grundeinstellung – eine günstige Gelegenheit zur Bestätigung Ihrer Vorurteile oder Anlaß zum Entsetzen und Mitleid sehen.

Wenn es eine Gefahr für die Bundesrepublik gibt – und ich will nicht leugnen, daß ich eine ziemlich große Gefahr schon heute sehe –, dann liegt sie nicht in diesen abscheulichen und dummen Akten selbst, sondern in der durch sie ausgelösten staatlichen Überreaktion.

Natürlich habe ich in den letzten Tagen noch einmal über die Ursachen des Terrorismus in der Bundesrepublik und die ideologische Verwirrung in den Köpfen der Terroristen nachgedacht, die ja in ihren «Taten» oft ein so hohes Ausmaß von «technischer

Intelligenz» offenbaren. In dieser Hinsicht sind sie übrigens echte Zeitgenossen unserer hochindustrialisierten Welt, die sich ja auch durch ein Übermaß an raffinierten technischen Mitteln bei einer vergleichsweise lächerlichen Armut an substantieller Vernunft auszeichnet. Anders ausgedrückt: wir haben immer bessere technische Mittel für immer weniger durchdachte humane Ziele.

Die Terroristen sind ausgegangen von einem tiefen Unbehagen an unserer Zivilisation und Gesellschaftsordnung. Ein Unbehagen, das viele – namentlich Künstler und Intellektuelle – mit ihnen empfinden. Sie haben dann eine ganze Weile vergeblich nach Wegen einer Veränderung dieser Gesellschaft gesucht, ohne sich freilich die Lehren der Geschichte der Demokratie und der Arbeiterbewegung dabei zunutze zu machen. Ihre «revolutionäre Ungeduld» war mit elitärer Arroganz und einem – leider typisch deutschen – abstrakten moralisierenden Idealismus gepaart. Wo sie bei anderen – namentlich Arbeitern – nicht gleich die selben spontanen ethischen oder ästhetischen Reaktionen antrafen, konnten sie sich das Phänomen allenfalls durch diabolische Manipulation und staatliche Repression erklären. Sie verloren offenbar im Laufe der Zeit immer mehr den Kontakt mit der Realität – insbesondere mit den Gefühlen und Wünschen, Vorstellungen und Gedanken der Bevölkerung, Subkulturen von Jugendlichen, deren verbaler Scheinradikalismus notwendig zu frustrierenden Erfahrungen führen mußte, waren die Brutstätte terroristischer Kurzschlußhandlungen. Unter der eigenen Welt- und Realitätsferne leidend, stürzten sich einige sensible Intellektuelle – wie Ulrike Meinhoff – auf das von undifferenzierteren Personen offerierte Angebot des «bewaffneten Kampfs». Ohne jeden Sinn für den radikalen Unterschied zwischen dem Partisanenkampf eines kolonial unterdrückten Volkes oder eines von fremden Militärs besetzten Landes (wie China im Zweiten Weltkrieg) glaubten sie, die «Partisanenkriegtaktik auf die Bundesrepublik übertragen zu können. Kein Zufall übrigens, daß sie lediglich bei einigen arabischen terroristischen Gruppen Anklang fanden, deren Wirklichkeitsbild ähnlich verschwommen, wenn auch nicht so weit von den Gefühlen der sie tragenden Bevölkerung entfernt ist wie das ihre. Auch die palästinensische Befreiungsbewegung verkennt ja, daß der Kampf für die Rückkehr einer ausgewiesenen Bevölkerung in ihr Ursprungsland etwas ganz anderes ist als der einer einheimischen Bevölkerung gegen eine dünne Schicht von Kolonialherren.

Fasziniert vom militärischen Aspekt des Algerien-Krieges, der chinesischen Kämpfe mit den Japanern und des Vietnam-Krieges übersahen sie die Tatsache, daß von einer «Fisch im Wasser»-Situation der Al Fatah in Israel keine Rede sein konnte. Das gilt natürlich noch weit weniger für die terroristischen Gruppen in der Bundesrepublik. Übrigens gibt es auch zu den religiösen Aspekten, die zum Beispiel für Al Fatah typisch sind, Analogien bei den bundesdeutschen Imitatoren. Al Fatah – das eine rückwärts zu lesende Abkürzung für «Bewegung zur Befreiung Palästinas» darstellt, kann auch als religiöser Terminus verstanden werden: Fatah bedeutet «Öffnung im islamischen religiösen Sinn, Eröffnung eines ungläubigen Landes für den Islam». Ähnlich mögen auch einige Terroristen glauben, daß sie die bundesrepublikanische Bevölkerung durch ihre Aktionen für die Heilslehre eines vagen revolutionären Sozialismus «öffnen» könnten. Dabei bleibt der Sozialismus der meisten arabischen Gruppen nicht minder verschwommen und fragwürdig wie der unserer Terroristen.

Kernpunkt der militaristischen Strategie der deutschen Terroristen ist die unsinnige Vorstellung, man könnte dadurch, daß man polizeistaatliche Reaktionen auf den Terror provoziert, die Bevölkerung widerstandsbereit und schließlich revolutionär «machen». Es liegt eine Art perverser Dialektik in diesem Denken, das an ein auch von Lenin verurteiltes antireformerisches Schlagwort aus dem zaristischen Rußland erinnert: «Je schlimmer, desto besser!» Einige Revolutionäre waren nämlich besorgt, daß durch wirkliche Reformen die Lage der Bevölkerung sich so stark verbessern könnte, daß dann an eine Revolution nicht mehr zu denken wäre. Aus diesem Grunde bekämpften sie jeden Reformansatz und konnten dabei – wie das auch heute wieder der Fall ist – auf die faktische Unterstützung von Reaktionären rechnen (die sich zu Unrecht für Konservative halten). Was die Strategen des Terrorismus bei ihrem Kalkül vollständig übersehen, ist, daß insbesondere die Masse der Bevölkerung selbst – beunruhigt durch die scheinbar über allen schwebende Bedrohung mit Gewalttaten – nach vermehrtem Polizeischutz, schärferen Gesetzen, rascherer Prozeßführung, höheren Strafen ruft. Noch die hysterischsten Reaktionen können sich in einer durch die Terroristen selbst erzeugten Atmosphäre auf die Volksstimme berufen. Presseorgane, die diese Stimmung weiter anheizen, hätten sie ohne diese spontanen Reaktionen nie zustande bringen können.

Wenn man – wie ich und die meisten meiner Freunde – die Bundesrepublik (aber nicht nur sie!) für reform- und kritikbedürftig hält, dann wird man vor allem durch die zunehmende Verschlechterung des Klimas für Reformen beunruhigt, die von den Terroristen erzeugt wird. Anwälte des unveränderten Status quo und Leugner dieser dringenden Reformbedürftigkeit nutzen die Chance einer tiefen Beunruhigung in der Bevölkerung, um weitere Reformen unmöglich zu machen oder sogar bereits bestehende wieder aufzuheben. Die Morde von Köln und die Entführung H.-M. Schleyers haben zum Beispiel dafür gesorgt, daß es heute schwer wäre, eine friedliche Demonstration zugunsten der Legitimität der paritätischen Mitbestimmung zu veranstalten. Durch die terroristischen Akte wird Politik nur insofern gemacht, daß politisches Handeln erschwert wenn nicht unmöglich wird. Die durchaus liberale und das heißt auf friedliche Möglichkeiten der Veränderung eingestellte Atmosphäre der Bundesrepublik wird von Terroristen zusammen mit den die terroristischen Anschläge freudig aufgreifenden Reaktionären zunehmend vergiftet.

Schön hört man Stimmen, die Jochen Steffen, die Jusos oder Willy Brandt für den «Sumpf» verantwortlich machen. aus dem angeblich der Terrorismus kommt. Diese Behauptung ist so falsch wie das Weltbild der Terroristen. Nicht das Vorhandensein von linken Sozialdemokraten hat uns den Terrorismus beschert, sondern allenfalls deren Schwäche. Fast allein bei den Jungsozialisten eröffnet sich jungen Kritikern der Gesellschaftsordnung die Chance einer realen und konstitutionellen Einflußnahme auf die Politik – und nur dadurch können sie vor dem Wahnsinnsweg terroristischer Akte und elitärer Isolation bewahrt werden.

Die größte Gefahr, die uns jetzt bedroht, ist die Verwandlung des Aggregatzustands der Bundesrepublik. Aus einem liberalen, reformfähigen (wenn auch schwer reformierbaren . . .) Gemeinwesen kann ein starres Gebilde werden. Aber nicht die starren Masten sind fähig, dem Sturmwind standzuhalten, sondern die geschmeidigen Bäume. Mit dem Verlust seiner Liberalität und Reformfähigkeit würde unser Staat nicht stärker, sondern schwächer werden . . .

Mit der Liberalität meine ich nicht Bagatellisierung von Morden oder gar deren verständnisvolle Entschuldigung, wohl aber die Aufrechterhaltung zum Beispiel des liberalisierten Demostrationsrecht, das neulich von einem Leitartikler in Frage gestellt wurde, die Beibehaltung der Grundprinzipien eines Rechtsstaates und die weitere Beherzigung der Erkenntnisse der Kriminologie, die zum Beispiel einwandfrei erwiesen haben, daß die Todesstrafe keine vermehrte abschreckende Wirkung auf Verbrecher hat (am allerwenigsten auf solche, die ihren eigenen Hungertod als Druckmittel einsetzen).

Wenn jetzt in der Bevölkerung eine Mehrheit für die Einführung der Todesstrafe eintritt (eine schwächere übrigens als in den fünfziger Jahren), dann dürfte das zum Teil an Fehlinformationen, zum Teil an einer rein emotionalen Reaktion liegen. Zu den Fehlinformationen gehören erstens die erwiesene Tatsache, daß Todesstrafe nicht abschreckt, und zweitens die Tatsache, daß ein Rechtsstaat, auch wenn er die Todesstrafe einführt, diese nie *rückwirkend* für Delikte verhängen kann, die vor deren Einführung begangen wurden, rechtskräftig zu lebenslänglicher Haft verurteilte Verbrecher (wie einige der Terroristen, deren Freilassung erpreßt werden soll) können erst recht nicht nachträglich noch einmal und dann zum Tode verurteilt werden. Mit einer solchen Maßnahme (die – so scheint mir, daher ganz undenkbar ist) würde sich die Bundesrepublik außerhalb der Gemeinschaft der zivilisierten Staaten stellen. – Die emotionale Reaktion selbst dürfte wiederum auf eine Staatsauffassung zurückgehen, die aus der Ära des «erhabenen Obrigkeitsstaates» stammt. Die eindeutige Demütigung des Übervaters Staat durch Terroristen wird als ein so gravierender Makel angesehen, daß dieser nur durch Blut wieder abgewaschen werden kann. So ähnlich mögen einige der schon mehrfach erwähnten Pseudokonservativen empfinden. Dabei sind solche Fanatiker der Reinheit und Erhabenheit des Staates nicht einmal so weit von der Mentalität der Terroristen entfernt, die ebenfalls auch glauben, durch Mord und Entführung die Gesellschaft «reinigen» zu können.

So bleibt uns in der gegenwärtigen Lage nicht viel anderes übrig, als zur Gelassenheit aufzurufen. So schrecklich und verabscheuungswürdig die Taten der Terroristen auch sein mögen, es ist nicht nur eine ganz unmäßige Überteibung, sondern auch ein ungewolltes Entgegenkommen gegenüber ihren Zielen, wenn man von «Guerillakrieg» oder «bürgerkriegsähnlichen Zuständen» spricht, wie das manche Blätter und Politiker nicht erst seit den Kölner Morden tun. Es handelt sich um kleine Gruppen intelligenter und gut organisierter Gewalttäter, die fanatisch motiviert sind und den Bezug zur Realität verloren haben. Nicht diejenigen sind zu kritisieren, die bis vor wenigen Jahren immer wieder das Gespräch mit den Kreisen gesucht haben, aus denen sich Terroristen rekrutierten, oder sogar mit ihnen selbst zu sprechen suchten, um sie von ihrem Irrweg abzuhalten, sondern die anderen, die das nicht oder zu selten getan haben. Es ist ein Mangel an politischer Kultur, der sowohl im Terrorismus selbst als auch in der extremen Reaktion auf ihn zum Ausdruck kommt. Die bundesdeutsche Demokratie, der bisher größere Belastungsproben ihrer Krisenfestigkeit erspart geblieben sind, wäre für die junge Generation moralisch glaubwürdiger wenn es mehr Politiker vom Schlage Gustav Heinemanns gegeben hätte und gäbe und wenn ihre Eliten weniger einseitig dem Ziel der individuellen Wohlstandsmaximierung sich verschrieben hätten, wenn es mehr Politiker gäbe, die soziale Gerechtigkeit, Chancengleichheit oder Lebensqualität nicht nur im Munde führten, sondern auch erkennbar zu realisieren suchten. Zur Demokratie gehört Toleranz. In der Zeit des Kalten Krieges wurde nicht Toleranz, sondern Unduldsamkeit gelehrt, von der nachwachsenden Generation aber wurde Toleranz gegenüber der Nazigeneration gefordert bis hin zum schlichten Vergessen dessen, was jene verschuldet hatte. Höflichkeit im Umgang mit Mitmenschen wurde gleichfalls von den Heranwachsenden gefordert von den Erwachsenen aber kaum überzeugend vorexerziert: «Sie mache ich fertig», «die Konkurrenz muß zu Boden!» Jahrzehntelang wurde «die Wiedervereinigung in Frieden und Freiheit» zum Lieblingsslogan Dutzender Politiker, die doch nur an der festen Bindung an die USA interessiert waren, weil dort die besseren Marktchancen erblickt wurden. Seit Jahren ist die «freiheitliche demokratische Grundordnung» im Munde von Politikern, die jetzt unter den ersten sind, die nach Verfassungsänderung rufen.

Ein Minister wollte von seinen Beamten nicht verlangen, daß sie «das Grundgesetz ständig unterm Arm tragen», aber die Jugend soll es – nachweislich und unerschütterlich – im Herzen haben. Welche Heuchelei, welche Selbsttäuschung anzunehmen, daß man unter solchen Umständen glaubwürdig bleiben könne!

Es gibt keine perfekte Sicherung gegen den politischen Terrorismus – so wenig, wie es eine perfekte Sicherung gegen andere Verbrechen gibt. Die Akte der Terroristen fallen übrigens in der allgemeinen Verbrechensstatistik nicht einmal auf. Zwischen

1974 und 1976 ist die Zahl der Morde und Totschlagsdelikte sogar um rund fünfzig zurückgegangen. Das heißt, es gibt doch ein perfektes Mittel gegen terroristische Gruppen: die Aufhebung des Rechtsstaates, die Anwendung der Folter, die Einführung eines perfekten Polizeistaates. Dieses Mittel hat offenbar in einigen lateinamerikanischen Ländern Erfolg gehabt. Dort braucht man sich vielleicht nicht mehr vor Terroristen zu fürchten, wohl aber vor terrorisierender Polizei. Dieses Mittel – so hoffe ich – wird in der Bundesrepublik niemand ernsthaft in Erwägung ziehen. Seine Anwendung würde noch im Untergang den Triumph der Terroristen bedeuten. Sie hätten die Welt verändert – freilich kaum so, wie sie es sich in ihren verstiegenen Wunschträumen vielleicht ausmalten.

Mein Brief ist länger geworden, als ich erwartet habe, die Terroristen kosten nicht nur mich, sondern auch Publizisten und Politiker mehr Zeit, als für uns alle gut ist. Wichtige und drängende Fragen bleiben liegen, Probleme werden verdeckt und verdrängt: Wirtschaftswachstum und Umweltbewahrung, Arbeitslosigkeit und Strukturveränderung, Friedenssicherung und Rüstungsbeschränkung – das alles wäre weit wichtiger. Ich hoffe, daß wir uns bald wieder diesen entscheidenden Problemen zuwenden können.

Iring Fetscher

Helmut Gollwitzer

Sich kümmern um die Verkümmerten und Benachteiligten

An meinen Patensohn Lukas Ohnesorg

20. 9. 1977

Mein lieber Lukas!

Heute vor zehn Jahren schauten wir dem 12. November 1967 entgegen, dem Tag, an dem Du mit Deinem ersten Schrei Dich auf dieser Erde zu Wort meldetest. Du konntest nicht ahnen, daß Du für uns ein Hoffnungskind warst: ein Kind, mit dem wir die Hoffnungen verbanden, die in jenen Jahren – oft genug in der Form von lärmenden Protestanten, aber immer doch als Hoffnungen erkennbar – von den Hochschulen auf die Straßen getragen wurden. Der Tod Deines Vaters durch die Polizeikugel hatte dem Schrei von Protest und Hoffnung eine solche Unwiderstehlichkeit gegeben, daß die Kehlen ihn nicht mehr zurückhalten konnten. Es mag Dir später vielleicht manchmal lästig sein, wenn Du merkst, daß wir Dich und Deinen Vater wie Symbolfiguren anschauen. Wir wollen's taktvoll tun, aber doch nicht unterlassen, Dir zu erzählen von dem, was damals war und was daraus wurde, um dann Dich zu beteiligen an der Frage, wie's weitergehen wird.

Da haben sich von Berkeley über Tokio bis nach Berlin junge Leute, vor allem Studenten, in kurzer Zeit gegenseitig angesteckt mit einer ungewohnten Empfindlichkeit für die Unmenschlichkeiten um sie her, für die Verarmungen und Entartungen, in die sie das Leben unzähliger Menschen und auch ihr eigenes Leben hineingezwungen sahen. Das Morden in Vietnam, das Hungern und Foltern in Lateinamerika, ebenso die Zustände im nächsten Knast und in der nächsten Fabrik – nichts konnten sie mehr von sich fernhalten, alles rückte ihnen auf die Haut und fragte sie: Muß das so sein? Muß das so bleiben? Was tust Du dazu, daß es so bleibt – oder dazu, daß es geändert wird?

Mit Lärm und Spott gaben die Jungen diese Fragen an die Älteren, an die Etablierten, weiter und klagten die guten Dinge ein, die im Grundgesetz unseres Staates versprochen und zur

Verwirklichung befohlen sind: Unantastbarkeit der Menschenwürde, freie Entfaltung der Persönlichkeit, Chancengleichheit und Gleichberechtigung aller bei der Gestaltung des Gemeinschaftslebens. Sie drückten es, wie in unserem Lande üblich, in Fremdworten aus: Emanzipation, Demokratisierung, zusammengefaßt: Sozialismus. Sie sahen: Es ist dringend nötig, die Welt in dieser Richtung zu verändern, und es muß doch auch möglich sein, und sie schlugen dazu so auf den Putz, daß die Etablierten das Fracksausen bekamen und sich beeilten, das Reformzeitalter einzuläuten. Eine kurze Zeit durften die Demonstrationen von der herrlichen Erwartung getragen sein: es geht voran!

Die Rache kam bald. Das Grundgesetz so auszulegen, sei viel zu radikal – und radikal sein (das wirst Du noch merken) gilt in unserem Lande immer als gemeingefährlich. So wurde, wer allzu radikal für die Verwirklichung der Grundrechte des Grundgesetzes stritt, in den Verdacht gebracht, ein Verfassungsfeind zu sein. Mit den Reformen, besonders mit den zunächst abgetrotzten Demokratisierungen, ging's zurück. Die Wirtschaftskrise sorgte dafür, daß nicht mehr genug Geld für beides da war: für die Reformen *und* fürs nichtreformierte Staats- und Wirtschaftsleben. Die Reformverhinderer erklärten sich für die wahren Verfassungshüter und aus Grundgesetz, Demokratie, Freiheit und Rechtsstaat wurden Worte, die man nur noch affirmativ gebrauchen darf, das heißt als Bezeichnungen für einen Besitz, den wir angeblich schon haben, nicht mehr kritisch für Aufgaben, denen wir uns annähern sollen.

Einige von den Jungen drehten durch und schlugen mit Gewaltaktionen zurück, weil sie es für eine Illusion hielten, durch Reformen diese Gesellschaft verändern zu wollen. Sie imitierten die südamerikanischen «Stadtguerilla», schlugen alle Warnungen in den Wind, verschlimmerten das Unheil, und noch im Scheitern produzierten sie Nachfolger, die mit jenem Aufbruch von Hoffnungen nichts mehr gemein haben und in Wut, Ekel, Zynismus und Verzweiflung sich ins Morden stürzen wie andere in die Drogen.

Das nun gab denen, die die Veränderungsforderungen niederschlagen wollten, die große Gelegenheit. Einer von ihnen hatte in Sonthofen schon den Terrorvorsatz verkündet, die linken Ratten in ihre Löcher zurückzutreiben, und viele von ihnen konnten ihre Zustimmung zum schrecklichen Militärputsch in Chile nicht verbergen. Das schadete ihnen aber nichts in unserer Öffentlichkeit, und daran konnte man sehen, wie die liberalen Vorsätze, mit denen diese Republik gegründet worden war, im Abbröckeln waren. Jetzt, da der Wahnsinn der Terroristen einen Höhepunkt erreicht hat, schiebt man die Schuld daran der Protest- und Hoffnungsbewegung zu und bläst zur Jagd gegen alle, die die Notwendigkeit und die Möglichkeit grundlegender Veränderungen erkannt haben. Die Angst der Bürger vor Veränderungen wird mit der Angst vor den Terroristen angeheizt, und alles wird in einen Topf hineinidentifiziert: die Terroristen mit den Linksradikalen, die Linksradikalen mit den Jusos, die Jusos mit der SPD und die SPD mit Emanzipation und kritischer Aufklärung und mit dem «Sittenverfall» dazu. Und die arme SPD, in einen so schrecklichen Topf geworfen, strampelt mit Selbstverteidigung, beteuert ihre Unschuld und Ungefährlichkeit, will auch nicht mehr «mehr Demokratie wagen», wie sie damals angekündigt hatte und wird doch keine Gnade finden, solange sie sich nicht des letzten gefährlichen Streichholzes von Emanzipation und Sozialismus entledigt hat, das noch in ihrem Programm zu finden ist. Es könnte aber für sie diese Stunde auch die Stunde der Erkenntnis werden, daß ein demokratischer Rechtsstaat immer nur offensiv verteidigt und das Ziel des demokratischen Sozialismus nur offensiv verfochten werden kann.

Wenn Du diesen Brief in einigen Jahren liest, dann wirst Du wissen, was wir heute noch nicht wissen: wie's weitergegangen ist und wer sich schließlich durchgesetzt hat. Ein französischer Beobachter, der Professer Alfred Grosser, hat soeben gesagt, dies sei «die erste große Probe der Bundesrepublik», die Probe auf die Haltbarkeit und Entwicklungsfähigkeit des zweiten Versuchs einer deutschen Demokratie. Für Dein Leben wird entscheidend sein, wie es jetzt bei uns weitergeht. Ich will dafür keine Voraussagen wagen, sondern Dir nur das sagen, worauf es jetzt für uns und eines Tages ebenso für Dich ankommt:

Zum ersten: Man darf nie resignieren. Drum spiro, spero – das heißt, solange ich atme, hoffe ich. Und hoffen heißt natürlich nicht nur, ein paar Wünsche heimlich im Busen hegen, sondern hoffend dafür tätig sein. Solange diese zweite deutsche Demokratie noch einigermaßen vorhanden ist, wollen wir uns einsetzen für ihre Erhaltung und ihre Entwicklung, und zwar für die Entwicklung nach vorn und nicht nach rückwärts. Und sollte sie uns genommen werden durch das Zusammenwirken von Reaktion und Terrorismus, dann werden wir neu, wie vor einigen Jahrzehnten schon, für ihre Wiedergewinnung kämpfen müssen.

Und zweitens: Die Umstände und die Propaganda und die zurückentwickelten Erziehungseinrichtungen werden Dir alle predigen: Kümmere Dich um nichts als um Deine eigene Haut und Dein eigenes Fortkommen! Wenn aber Dein Leben reich und sinnvoll werden soll, dann mußt Du das Gegenteil tun: Dich kümmern um die anderen, die Verkümmerten und Benachteiligten, und Dich kümmern ums Ganze, um das, was wir die gesellschaftlichen Verhältnisse nennen: daß diese Erde bewohnbar bleibt für Menschen und Tiere und Pflanzen und daß durch die Verhältnisse das Entstehen von freien, aufrechten und gemeinschaftlichen Menschen nicht verhindert, sondern gefördert wird.

Es ist ein riskanter Weg, auf den ich Dich verlocken möchte – das wirst Du in diesem Lande gründlich zu spüren bekommen. Aber es ist der einzige Weg, der sich lohnt. Deine Mutter und wir haben, als Du Säugling warst, bewußt unterlassen, Dich zu taufen. Worum es aber bei der Taufe, beim Christsein geht, das hängt eng mit diesem Weg zusammen: mit der Inspiration, mit dem langen Atem und mit der Zufuhr von Kraft, höchst nötig, um Feigheit und Resignation auszutreiben, höchst nötig, wie Du vielleicht entdekken wirst, für einen so riskanten Weg.

Deine klugen Augen schauen mich mit vertrauensvoller Zuneigung an. Ich denke auch an Dich bei unserem heutigen Kampf um diese zweite deutsche Demokratie.

Dein
Helmut Gollwitzer

Jürgen Habermas

Stumpf gewordene Waffen aus dem Arsenal der Gegenaufklärung

Starnberg, 19. 9. 77

Lieber Herr Sontheimer,

mich hat das denunziatorische Wort «Scheißliberaler» stets, auch bevor es auf mich selber angewandt wurde, irritiert. Es war verräterisch für diejenigen, die es im Munde geführt haben. Denn damit wurde das historische Erbe bürgerlicher Emanzipationsbewegungen verleugnet, ohne welches auch ein Sozialismus in entwickelten Gesellschaften von Anbeginn verstümmelt wäre. Andererseits muß ich gestehen, daß mir der Terminus wieder in den Sinn kommt, wenn ich in unserer akademischen Umgebung die traurige Dekomposition des liberalen Geistes beobachte: auf der einen Seite die Neigung zu einem moralisierenden «Linksradikalismus», der sich gerade unter politisch ahnungslosen und anpassungsbereiten Liberalen findet; auf der anderen Seite das Ressentiment der umgefallenen, in Militanz und Verschwörungstheorien flüchtenden Liberalen, für die überraschenderweise auch Sie ein Beispiel zu geben sich anschicken. Es entsteht jetzt ein eigentümlicher Typus auf deutschen Hochschulen: der Renegat der Mitte.

Das sind die Worte, mit denen ich 1970 die Antwort auf einen *Frankfurter Allgemeine Zeitung*-Artikel unseres Kollegen Topitsch begonnen habe. Damals konnte ich mich noch auf Sie berufen. Sie hatten kurz zuvor die Diagnose gestellt, daß unsere Demokratie Gefahren eher aus einem wiedererstarkenden Nationalismus erwachsen würden. Inzwischen haben Sie Ihre Einschätzung revidiert; Sie haben eine größere Gefahrenquelle entdeckt – die linke Theorie. Wie behende Sie Ihre Arbeit auf die Tendenzwende umgepolt haben, hat mich zwar überrascht; aber das war Ihr gutes Recht. Und mein gutes Recht war es, diese Tendenzliteratur, die sich da ausgebreitet hat, als ein intellektuell unerhebliches Reaktionsphänomen beiseite zu lassen. Wenn mir von diesen vielfältigen Produktionen nichts Wesentliches entgangen ist, gibt es darin keine neuen Argumente, sondern nur die alten in etwas christlicher Tonlage und unterhalb des Niveaus, auf dem in unseren Breiten solche Diskussionen noch vor ein, zwei Generationen (zwischen Leo Strauss, Carl Schmitt, Eric Voeglin, Arnold Gehlen, T. W. Adorno, Georg Lukács, Helmuth Plessner, Ernst Bloch usw.) ausgetragen worden sind. Ich klage nicht über die Ärmlichkeit der heutigen Pamphlete, nicht über Sterilität und Lustlosigkeit eines geistigen Klimas, an dem wir alle teilhaben; es ist nur nützlich, gewisse Proportionen im Blick zu halten.

Nun hat sich aber die Szene, die so wenig dazu reizt, sich einzumischen, durch den Schock der jüngsten Terroranschläge verwandelt.

Ein Aspekt dieser Veränderung, nicht der wichtigste, ist der, daß Leute wie Sie, Herr Sontheimer, nicht mehr nur Tendenzliteratur schreiben, sondern ihr eine praktische Wendung ins Gesinnungsstrafrecht geben. Erstens erklären Sie, daß Bürgerkrieg herrsche, zweitens bringen Sie die «linke Theorie» in einen kausalen Zusammenhang mit dem Terrorismus und drittens legen Sie durch den Kontext, in dem Sie diese Äußerungen tun, die Interpretation nahe, daß Sie nicht länger davor zurückschrecken würden, gegen linke Theoretiker den Artikel 18 des Grundgesetzes anzuwenden. Herr Wenger hat Ihre Anregungen gestern in Höfers Frühschoppenrunde aufgegriffen und dahingehend operationalisiert, daß man auf dieser Rechtsgrundlage jene Professoren, die den ungekürzten Text des umstrittenen Buback-Nachrufs einer breiten Öffentlichkeit erst zugänglich gemacht haben, aus ihrem Amt entfernen solle. Er vermisse seit acht Jahren, daß man von Artikel 18 in dieser Weise Gebrauch mache.

Bevor ich Ihr Interview, das Sie am 11. September dem Zweiten Deutschen Fernsehen gegeben haben, im einzelnen zitierte, möchte ich Ihre Äußerungen ein wenig in die Perspektive der innenpolitischen Entwicklung einrücken. Sie erinnern sich an die Rede, mit der Herr Dregger im Februar 1974 die Verfassungsdebatte aus Anlaß der 25. Wiederkehr des Inkrafttretens unseres Grundgesetzes eröffnet hat. Die einäugige Situationsdefiniton, die Dregger damals gegeben hat, ist heute fast allgemein akzeptiert. Dregger geht von einer richtigen Feststellung aus: Die Bundesrepublik ist zwar nach Maßstäben der Liberalität, des Wohlstands und der sozialen Sicherheit der beste Staat, den es auf deutschem Boden je gab, aber in der Bevölkerung mehren sich die

Anzeichen für einen politischen Vertrauensschwund. Dregger gibt eine einfache Erklärung: Das habe nicht in erster Linie ökonomische Gründe, sondern «geistig-politische». Die Linke habe den bisher bestehenden Grundkonsens der Verfassungsparteien aufgekündigt: «Verunsichert werden (die Menschen draußen im Lande) durch den Wortradikalismus der Systemveränderer, der hier und da in Gewalt umschlägt, durch die revolutionäre Situation an einigen Universitäten, durch die Umfunktionierung mancher Schulen, durch den Abbau bisher für sicher gehaltener Wertvorstellungen und Institutionen . . . Die Folge ist ein breiter Vertrauensschwund . . .» Noch simpler ist Herrn Dreggers Vorschlag zur Therapie. Am besten würde jedermann auf das, was er und seine nationalkonservativen Freunde für den Grundkonsens halten, eingeschworen. In diesem Sinne hatten die Unionsparteien die Verfassungsdebatte als eine Verfassungsschutzdebatte angelegt. Fairerweise muß man hervorheben, daß Herr Dregger damals die Grenze klar gezogen hat, die Sie, Herr Sontheimer, heute verwischen: «Die geistig-politische Auseinandersetzung, auf die das Hauptgewicht zu legen ist, und der Einsatz rechtsstaatlicher Mittel gegen diejenigen, die die Spielregeln nicht akzeptieren, sind *nebeneinander* notwendig.»

Nun hatte Dreggers Situationsdefinition noch eine taktische Schwäche: den Gegner der geistig-politischen Auseinandersetzung konnte er nicht so recht identifizieren. Natürlich war da im allgemeinen von Professoren, Lehrern, Juso-Führern die Rede, von marxistischer Indoktrinierung, vom «Zangengriff auf die deutsche Jugend», der «von den Hochschulen über die Lehrerakademien in die Schulen wirkt und sich als zweiten Hebel der Erwachsenenbildung bedient». Aber das waren Nadelstiche gegen die sozialdemokratische Kulturpolitik. Die Gegenposition blieb inhaltlich diffus. Dregger hatte nichts anderes in Händen als den Hinweis auf eine Bildunterschrift aus dem Historischen Museum in Frankfurt, wo die Novemberereignisse 1918 mit dem Satz kommentiert würden: «Das Rätesystem hätte in Deutschland als Mittel wirken können, die an Autorität und Unterwerfung gewöhnte Bevölkerung zur Selbstbestimmung zu bringen.» Kurzum: Dregger war auf intellektuelle Erfüllungshilfen angewiesen, die ihm das Bild des Gegners präzisierten. Das haben Lübbe und Nipperdey in Sachen Hessische Rahmenrichtlinien besorgt; fürs Generelle haben Sie diese Rolle übernommen – in Ihrem zwei

Jahre später erschienenen Buch ‹*Das Elend unserer Intellektuellen*›.

Was tun Sie in diesem Buch? Sie konstruieren so etwas wie «die linke Theorie» und scheinen beides zu mißbilligen: sozialwissenschaftliche Theorien im allgemeinen, linke im besonderen. Ich finde es nicht schlimm, Herr Sontheimer, wenn man sich primär für geistesgeschichtliche Zusammenhänge interessiert, und wenn man sich dabei historisch-narrativer Darstellungsformen bedient; Sie reagieren auf Leute mit theoretischen Interessen etwas idiosynkratisch. Aber kommen wir zur Hauptsache. Wenn schon Theorie – was macht sie zur linken? Ich hatte erwartet, daß Sie ein breites Spektrum hochdifferenzierter Gedankengänge vorführen würden. Aber Ihr Buch läßt nicht einmal ahnen, daß der westliche Marxismus Anregungen aus fast allen sozialwissenschaftlichen Traditionen in sich aufgenommen und miteinander konkurrierende Ansätze ausgebildet hat, je nachdem, ob er mehr von Kant oder Hegel, mehr von Ricardo oder moderner Ökonomie, mehr von Freud oder Max Weber, mehr von Mead oder Durkheim, mehr von Lévi-Strauss oder Piaget gelernt hat. Linke Theorie, diesen Eindruck erweckt Ihr Buch, muß das besonders konfuse Erzeugnis einiger besonders törichter Personen sein. Nun braucht man mich nicht davon zu überzeugen, daß es linke Idiotien gibt – leider viel zu viele –, aber das kann's doch nicht gewesen sein? Gewiß, Sie brauchen diese erstaunlichen Einebungen, um zu Ihren lapidaren Zusammenfassungen vorzudringen. Ich zitiere aus dem letzten Kapitel: Linke Theorie muß Politik verachten; linke Theorie ist eine Theorie für abstrakte Menschen und eine abstrakte Gesellschaft; linke Theorie bezieht ihren Impetus aus der Unsicherheit, in der wir uns vorfinden; linke Theorie artikuliert das Unbehagen; linke Theorie arbeitet am Abbruch der gesellschaftlichen Wertvorstellungen usw. Nachdem Sie die linke Theorie so feinsinnig zu einer Größe aufgebaut haben, von der man wie von mythischen Ursprungsgewalten ohne Verwendung des Artikels spricht, machen Sie, wenn ich recht sehe, drei Aussagen.

Sie behaupten erstens, daß diese Theorie falsch sei – ich vermute, daß sie in der Form, in der Sie sie präsentieren, nicht einmal wahr oder falsch sein könnte. Zweitens behaupten Sie, daß zwischen der Bundesrepublik, wie sie ist, und dem Bild, das die linke Theorie von ihr zeichnet, ein Unterschied bestehe wie Tag und Nacht – sie schwärze einen im wesentlichen intakten Gesellschaftszustand bloß an. Um diese These zu prüfen, müßten wir uns über die Theorie streiten können, mit der Sie selbst, mindestens implizit, unsere Zustände beschreiben. Das können wir nicht, weil Sie meinen, die Wirklichkeit unbewaffneten Auges so zu schildern, wie sie ist. Und drittens bringen Sie Ihre Untersuchung auf Dreggers Interpretationslinie, indem Sie sagen, daß linke Theoretiker zwar keine Herrschaft, aber Einfluß ausüben, und «daß der vor zehn Jahren begonnene Aufstand der linken Intellektuellen gegen unsere Gesellschaft zwar die realen Strukturen dieser Gesellschaft nicht zu Bruch hat kritisieren können, aber dessenungeachtet auch bei denen, die in diesen Strukturen praktisch und verantwortlich handeln müssen, die notwendige Überzeugung von Legitimität und Sinnhaftigkeit ihres Tuns dem nagenden Zweifel stärker ausgesetzt hat. Die Folge ist eine Verunsicherung der Institutionen.» An anderer Stelle sprechen Sie allgemein von der Gefährdung des politischen Grundkonsenses, der die Bundesrepublik bisher getragen hat. Hier scheinen mir zwei Dinge durcheinanderzugehen.

Auf Grund von Umfragen scheint es Anzeichen dafür zu geben, daß das stabile Vertrauen der Bevölkerung in unser Parteiensystem abnimmt und daß die für unser Wirtschaftssystem erforderlichen Karriere- und Leistungsorientierungen schwächer werden. Das sind erklärungsbedürftige Phänomene. Freilich ist es nicht weniger albern, denjenigen, die Legitimations- und Motivationsprobleme zu erklären suchen, vorzuhalten, diese Probleme selbst zu verursachen, als den Boten für die Nachricht zu bestrafen. Anders verhält es sich mit den politischen Grundbegriffen, die Sie erwähnen. Begriffe wie Sozialstaat, Rechtsstaat, pluralistische Demokratie, Gewalt, Chancengleichheit werden heute unter Sozialwissenschaftlern tatsächlich nicht mehr nur nach den Definitionsregeln gebraucht, die eine bestimmte politische Theorie in Zeiten des Kalten Krieges festgelegt hatte. Damit haben sich unbefangenere Sichtweisen durchgesetzt. Es ist empirisch schwer abzuschätzen, wie weit diese vom Wissenschaftsbetrieb auf die politische Kultur übergegriffen haben. Ich fürchte, daß Sie diesen *trade off* überschätzen. Sonst könnte in der gegenwärtigen Situation mit der Art von Rezepten, die auch Sie vorschlagen, nicht gehandelt werden.

Ihr eigenes Rezept haben Sie im ZDF bekannt gemacht. Sie haben es so präsentiert, daß die sogenannte geistige Auseinandersetzung und die Anwendung gesetzlicher Mittel kurzgeschlossen werden. Damit verwischen Sie eine Grenze, ohne die es einen Rechtsstaat nicht geben kann. Wer auch nur im Ansatz Gesinnungen mit rechtlichen Sanktionen belegt sehen möchte, der will hinter Hobbes, und das bedeutet institutionell: hinter eine der fundamentalen, in bürgerlichen Emanzipationsbewegungen errungenen Garantien des Verfassungsstaates zurück. Natürlich fordern Sie nicht klipp und klar einen Entzug von Grundrechten für alles, was linke Theorie im Munde führt. Aber Sie legen einem Millionenpublikum von Fernsehzuschauern genau diesen Schluß nahe.

Zunächst behaupten Sie, daß wir uns in bürgerkriegsähnlichen Zuständen befinden: «Golo Mann hat nicht zu Unrecht von einer Art neuem Bürgerkrieg gesprochen, und in der Tat sind hier Bürger, die den Krieg erklärt haben der großen Masse der übrigen Bürger dieser Gesellschaft . . .» Sodann bezeichnen Sie die linke Theorie als eine Ursache des Terrorismus: «Ich bin der Meinung, daß der Terrorismus seinen Nährboden in linken revolutionären Theorien hat, auch wenn solche Theorien nicht unbedingt die Gewalt predigen. Aber daher kommt das Ganze.» Dann folgt eine Charakterisierung dieser linken Theorien, die keinen Zweifel erlaubt, daß es eben die sind, die Sie in Ihrem Buch identifiziert und behandelt haben. Dann kommt das, wovor Sie «nicht zurückschrecken» würden. Grundgesetzänderungen und Grundrechtseinschränkungen. Schließlich: «Ich stelle mir so etwas vor wie ein Gesetz zur Bekämpfung des Terrorismus, in dem zusammengefaßt wird, was geschehen könnte, unter Umständen auch an Einschränkungen von Freiheitsrechten für Personen, die dieser Richtung zuneigen.» Wer sind das, die Personen, die dieser Richtung zuneigen?

In derselben Sendung hatte Ihr Kollege Stern vorsorglich den Artikel 18 GG an Hand von Beispielen konkretisiert: «Der Artikel 18 wirkt natürlich nicht gegen die Terroristen selbst, deren muß man ja habhaft werden, und wenn man ihrer habhaft wird, dann sind sie in den Strafanstalten, und hier ist der Artikel 18 sowieso nicht einschlägig . . . Aber der Artikel 18 hat eine Funktion im Bereich des Umfelds der Terroristen. Und hier wäre beispielsweise die Lehrfreiheit Artikel 5 Absatz 3 des Grundgesetzes. Hier wäre beispielsweise daran zu denken, ob man diese Vorschrift nicht anwendet gegen solche Hochschullehrer, die, in welcher Form auch immer, die Anwendung von Gewalt unterstützen.»

Nun, ich kenne keinen unter unseren Kollegen, der sich zu den Terroristen bekennt oder deren Verhalten rechtfertigt.

Herr Stern spricht ja auch weitherzig von «Unterstützung, in welcher Form auch immer», und Sie übersetzen das Wort Sympathisant keineswegs enger mit «Person, die dieser Richtung zuneigt». Dabei haben Ihre Fernsehzuschauer noch im Ohr, daß es Ihre linken Theoretiker sind, die fleißig den Nährboden des Terrorismus bestellen. Was liegt da näher, bei Sontheimer im Personenregister nachzuschauen und eine Liste von Abendroth über Habermas bis Jochen Steffen oder von Agnoli über Narr und Offe bis Johano Strasser zusammenzustellen, damit man endlich weiß, gegen wen Artikel 18 GG im Sinne eines politischen Gesinnungsstrafrechts angewendet werden sollte. Vielleicht hatte Herr Wenger Ihr vorzügliches Buch nur noch nicht gelesen?

Sie irren, Herr Sontheimer, wenn Sie einen kausalen Zusammenhang zwischen linken Theorien und den Terrorakten, die heute in der Bundesrepublik verübt werden, herstellen (1). Sie haben zudem ein fatales Verständnis unserer Verfassung, wenn Sie pauschal unterstellen, daß linke Theorien zum Kampf gegen die «freiheitliche demokratische Grundordnung» im Sinne des Artikels 18 GG verwendet werden können (2). Ferner muß Ihre politische Wahrnehmungsfähigkeit und Sensibilität getrübt sein, wenn Sie diejenigen Politiker unserer Allparteienkoalition, die ohnehin Amok laufen, auch noch ermuntern, so zu tun, als herrsche Bürgerkrieg (3). Und schließlich täuschen Sie sich, wenn Sie das Elend der Intellektuellen darin sehen, daß sie linke Theorien in die Welt setzen; ich sehe es in einer traditionsreichen obrigkeitlichen Mentalität, die den Rechtsstaat, wenn es ernst wird, unter die Fittiche des Polizeistaates retten möchte (4). Lassen Sie mich diese vier Punkte erläutern.

(1) Sie wissen so gut wie ich, daß in der auf Marx zurückgehenden politischen Tradition und in der Arbeiterbewegung der Terrorismus, der immer das Werk einzelner ist, von Anfang an kritisiert worden ist. Ob es sich um den Blanquismus, um die russischen Anarchisten, um die Ultras in den eigenen Reihen handelte, stets ist in den sozialistischen Arbeiterparteien das Bewußtsein wachgehalten worden, daß sich der politische Kampf aus dem Zusammenhang sozialer Bewegungen nicht lösen, gegen die lebendigen

Interessen der Massen nicht verselbständigen darf. Die Idee der Revolution selbst wäre ihrer sittlichen Substanz und damit ihrer Kraft beraubt worden, wenn nicht immer wieder ein besonders sorgfältiger und ein besonders scharfer Schnitt zwischen revolutionärem Kampf und Terrorismus gelegt worden wäre. Nun können der Studentenprotest der sechziger Jahre und die Neue Linke dieser Tradition nicht ganz umstandslos zugeordnet werden, weder unter Gesichtspunkten der sozialen Herkunft der Beteiligten noch unter Gesichtspunkten der Organisation und erst recht nicht im Hinblick auf eine Situation, die sich den geläufigen Interpretationen entzieht. Dennoch haben gerade sie symbolischen Techniken der Regelverletzung und das antiautoritäre Syndrom, von der ersten Minute an, eine Gewaltdebatte ausgelöst, die sich an jenen Vorbildern orientiert hat.

Auch die Neue Linke war reflektiert genug, die schonungsloseste Kritik an ihren Verirrungen und Verwirrungen aus sich selber hervorzubringen. In der Bundesrepublik habe ich diese Diskussion 1967 eher beiläufig mit einer Bemerkung über Demonstration und Provokation eröffnet: «Demonstrative Gewalt ist eine Gewalt, mit der wir Aufmerksamkeit für Argumente erzwingen. Das hat man bisher nicht Provokation genannt. Durch Provokation wird die in den Institutionen selbst verankerte Gewalt zu Aktionen herausgefordert, die diese sublime Gewalt zu einer manifesten Gewalt machen und als solche deklarieren sollen. Wenn ich Provokation in diesem Sinne verstehen darf, dann heißt systematisch betriebene Provokation von Studenten ein Spiel mit dem Terror (mit faschistischen Implikationen) . . .» Damals ging es nicht um Maschinenpistolen und Menschenleben, auch nicht, wie zwei Jahre später, um Steine und Fensterscheiben, sondern um Tomaten. Ich erinnere an diese Situation, kurz nach dem Tode Ohnesorgs, weil damals ein nicht mehr unterbrochener Prozeß der Selbstaufklärung eingesetzt hat, den Oskar Negt im Sommer 1972 auf einer Massenversammlung vor der alten Frankfurter Oper mit einer scharfen und definitiven Absage an jede Form von Terror zum Abschluß gebracht hat. Zu diesem Zeitpunkt mußte auch dem letzten ein Licht aufgehen, daß von den politischen Theorien der Neuen Linken keine Brücke zur politischen Psychologie der RAF führt. Mit dem Terrorismus hat sich das aktionistische Element auch noch gegenüber dem Bedürfnis nach argumentativer Rechtfertigung verselbständigt; und eine Linke ohne Argumente gibt es nicht. Was bleibt, sind Fragen der Organisation, der Technik, der Motivation, der Psychologie.

Die These, die der Buchtitel ‹*Hitler's Children*› signalisiert, halte ich für falsch. Die historischen Wurzeln von Technik und Psychologie der direkten Aktion findet man wohl eher in Traditionen, auf die ein bemerkenswerter Leserbrief von J. v. Alten (in der *Süddeutschen Zeitung* Nr. 214 vom 17./18. September) hinweist: «... In der Tat hatte die Lehre von der ‹direkten Aktion› einen besonders erfolgreichen Schüler in Mussolini. In der Ahnenreihe des italienischen Faschismus stecken Sorel und der ganze revolutionäre Syndikalismus, dazu passend Pareto und ein gutes Stück (ich wage kaum zu sagen: mißverstandener) Nietzsche. Das ist in jedem Lexikon nachzulesen, selbst wenn uns die sozio-ökonomische oder eine psychologische Betrachtungsweise den Blick dafür trübt und uns Erscheinungsformen als ‹faschistisch› bezeichnen läßt, die allenfalls reaktionär oder borniert sind. Im Nationalsozialismus sind diese Grundlagen nur wegen des geringeren intellektuellen Niveaus und der obskurantistischen Zutaten wie der Rassenlehre weniger deutlich ... Die Verselbständigung der ‹direkten Aktion›, nämlich die Ersetzung der Moral oder irgendwelcher annehmbaren Inhalte durch eine Art Ästhetik, einen Kult, der Gewalt in ihrer Schönheit und ihrem Schrecken, erscheint mir als ein geradezu archetypisches faschistisches Wesensmerkmal, das in unseren Tagen wiedergekehrt ist ...»

(2) In Artikel 18 GG heißt es: «Wer die Freiheit der Meinungsäußerung, insbesondere ... die Lehrfreiheit ... zum Kampfe gegen die freiheitlich-demokratische Grundordnung mißbraucht, verwirkt diese Grundrechte.» Diesen Artikel kann man, wie beispielsweise Herr Wenger es fordert, auf linke Professoren nicht anwenden, wenn diese nicht mindestens zwei Bedingungen erfüllen: sie müßten Lehrmeinungen vertreten, die sich gegen die Substanz unserer Verfassung richten, und sie müßten auf Grund dieser Lehrmeinungen so handeln, daß ihre Praxis als Kampf gegen die fdGO verstanden werden kann. Der Weg zur Kriminalisierung linker Kritik führt also über den Nachweis, daß solche linken Theorien mit unserem Verfassungsverständnis unvereinbar sind. Dabei wird das «Verfassungsverständnis» durch den Spielraum legitimer Verfassungsinterpretationen umschrieben. Je enger dieser Spielraum wird, um so größer die Chance, daß linke Theorien aus ihm herausfallen. Tatsächlich ist dieser Prozeß der

Einengung im Gange. Dafür bietet wiederum jene Verfassungsdebatte des Bundestages ein Beispiel, in der Ehmke der Opposition entgegenhielt: «Sie tun immer wieder so, als ob das Grundgesetz eine bestimmte Wirtschaftsordnung garantiere.» Am Tag zuvor hatte Filbinger, von Haus aus Jurist, ausgerufen: «Ich sage mit großer Betonung: Wir reagieren empfindlich auf alles, was nach Systemveränderung aussieht. Wir haben einen langen und dornenvollen Weg bis zu diesem sozialen Rechtsstaat zurücklegen müssen, und wir wollen diesen Weg nicht noch einmal gehen. Das würde aber unweigerlich dann geschehen, wenn wir diesen Staat, den Rechtsstaat, das Eigentum, die Marktwirtschaft zur Disposition stellen. Wer *Teile der Verfassung* tangiert oder gar preisgibt, der gibt das Ganze preis; denn die Freiheit, so wie wir sie verstehen, hat nur Bestand, wenn sie ganz und ohne Abstriche erhalten wird.» Herr Filbinger stilisierte unverfroren die legitimen Ziele seiner Partei zum Verfassungsgebot. Dazu hat der Abgeordnete Dürr in derselben Debatte das Nötige gesagt. Er meint, das Grundgesetz lasse «einen weiten Raum für politische Gestaltungen, für unterschiedliche Sozialstaatsmodelle . . . für den demokratischen Sozialismus des Godesberger Programms wie für sozialistische Vorstellungen, die nicht in die SPD passen». Auch diese Auffassung gehörte bisher zum Grundkonsens der Bundesrepublik. Man sieht, wer diesen Konsens in Frage stellt.

Man fragt sich auch, wie weit inzwischen die Praxis der Rechtsprechung Herrn Filbingers Bemühungen gefolgt ist. Sie kennen, Herr Sontheimer, den Fall Ihrer Schülerin Inge Bierlein, die vom Bayerischen Kultusministerium zum Referendardienst an Höheren Schulen nicht zugelassen worden ist, woraufhin es zu einem Prozeß kam. Im November 1973 hat das Bayerische Verwaltungsgericht München (trotz eines entlastenden Gutachtens von Ihnen) die Entscheidung des Kultusministeriums für rechtens erklärt. Ich weiß nicht, wie die Sache im Hauptverfahren weitergegangen ist. Ich kann auch nicht beurteilen, ob die Argumentation, mit der die Richter Frau Bierlein damals abgewiesen haben, besonders atypisch war. Wenn sie es nicht ist, nähern wir uns einem Zustand, in dem die Regelung für «Radikale im öffentlichen Dienst» von der Rechtsprechung zum Anlaß genommen werden, um den Spielraum legitimer Verfassungsinterpretationen einzuschränken. Denn Frau Bierlein hatte ein zwar offensives, aber am Sozialstaatsgebot orientiertes Verfassungsverständnis dokumentiert.

Wenn diese Praxis Schule macht, könnte in Zukunft ein Verfassungsverständnis, das nicht an der Parole «Freiheit oder Sozialismus» ausgerichtet ist, hinreichen, um den Verdacht auf Verfassungsfeindlichkeit zu begründen. Das träfe alle die linken Theorien, die Sie so schön zusammengestellt haben.

Diese Theorien sind ja in der einen oder anderen Weise mit dem Ziel einer sozialistischen Organisation der Gesellschaft verbunden; aber für die ernst zu nehmenden Varianten ist doch auch klar, daß keine entwickelte Gesellschaft die Kennzeichnung «sozialistisch» verdient, die nicht die Substanz unserer Verfassung: Grundrechte, Volkssouveränität, Recht auf Opposition, Unabhängigkeit der Gerichte und Gesetzmäßigkeit der Verwaltung garantierte. Auch das Godesberger Programm enthält die Formel, daß der Sozialismus die Demokratie «erfülle.» In welchem Zustand befindet sich die regierende Sozialdemokratie, wenn sie sich von der Opposition und sogar von ihren eigenen Mitgliedern in eine Ecke drängen läßt, von wo aus wir solchen Trivialitäten, sei's auch nur zu präventiven Zwecken, wieder auftischen müssen?

(3) An diesem Wochenende habe ich den einleuchtenden Satz gelesen: dies sei die Stunde der Kontertaktiker, nicht die Zeit der Philosophen. Ich richte diesen Brief an Sie vor allem deshalb, weil einige «Philosophen», je mehr sie über Bürgerkrieg, über Todesstrafe, Einschränkung von Grundrechten usw. reden, ein taktisches Problem, an dem allerdings Leben und Tod hängen, und an dem heute, wie man mit Erschütterung und Empörung von Stunde zu Stunde verfolgt, das Leben von Herrn Schleyer hängt, auf eine Ebene verschieben, auf der es ganz und gar unlösbar wird. Ich meine die schiefe Ebene, auf der wir in eine Militarisierung unserer Gesinnung und in eine Paramilitarisierung unserer Gesellschaft hineingleiten. Ich äußere den folgenden Gedanken nur mit Zögern, denn das Gefühl sträubt sich gegen das Unzumutbare. Gleichwohl sprechen alle Anzeichen dafür: wenn es nicht gelingt, den Terror zu entdramatisieren, wenn es nicht gelingt, mit dem Terror so zu leben, *als sei* es ein gewöhnliches Verbrechen, dann wird die Bekämpfung des Terrorismus selbst an der Bühne zimmern, auf der dieser sich erst entfalten und erhalten kann.

Wenn die großen physischen und moralischen Belastungen, der heute eine ganze Kategorie von Personen ausgesetzt ist, dahingehend interpretiert würden, daß der Staat diese Personen nicht mehr wie Bürger schützen, sondern nur noch zum soldatischen

Einsatz rüsten könne; wenn die beschwörende Erwartung, daß die Bevölkerung die Polizei bei ihren Fahndungsarbeiten unterstützt, die Nuance annähme, daß jedermann als Freizeitpolizist und nebenamtlicher Kadi zur lustigen Hatz auf den verdächtigen Nachbarn blasen darf; wenn die öffentlichen Demonstrationen des Entsetzens und die spontanen Bekundungen gemeinsamer Trauer so weit zeremonialisiert würden, daß Gefühle und Gesinnungen einer politischen Dauerkontrolle unterliegen – dann hätte sich allerdings der Aggregatzustand unseres rechtlich geordneten Zusammenlebens tiefgreifend und in einer Weise verändert, die in Deutschland nicht unbekannt ist. Wenn heroische Tugenden und Massenmobilisierung – Kohl kündigt schon «Versammlungswellen zur inneren Sicherheit» an – in die kapitalistisch verankerten Strukturen einer unpolitischen, einer durch und durch privatistischen Lebensform einbrechen, dann schlittern wir in den faschistischen Zerfall unserer politischen Kultur, vor dem unsere europäischen Nachbarn und amerikanischen Freunde zittern. Daß sie nicht grundlos zittern, zeigt sich in diesen Tagen. Wir hätten dann die Zustände, von denen Sie und Golo Mann (auch noch Historiker von Beruf!) leichtfertig daherreden. Sie wissen doch: Das aufgelöste Paradox eines bürgerkriegsähnlichen Zustands ohne Bürgerkriegsparteien ist der Faschismus.

Glückseligerweise hat sich der Bundeskanzler in seiner Erklärung zur Schleyer-Entführung vor dem Bundestag, glücklicherweise haben sich die Gewerkschaftsführer und die Spitzen der Sozialdemokratie weder von den Mobilisierern und Scharfmachern noch von den aufgeregten Intellektuellen dazu drängen lassen, auch nur den ersten Schritt in die Richtung zu tun, in die uns die Terroristen treiben wollen – und aus der uns nichts als der blanke Schrecken erwartet. Ich teile die Gefühle von Heinrich Böll und Martin Walser: bei *diesem* Auftritt des Bundeskanzlers habe ich aufgeatmet.

Dieter Schröder warnt davor, den Kreis der «Systembedroher» undefiniert immer größer zu ziehen: «Hier liegt auch eine Verantwortung der Opposition und ihrer geistigen Wasserträger. Wer von ‹Mordsozialisten› schreibt, wer gegen ‹überflüssige Skrupel› wettert, wer ‹Sonderkommandos› verlangt, der erweckt den Eindruck, daß der Rechtsstaat zunächst gegen die ‹Reaktion› geschützt werden müsse, der verhindert ‹geistige Auseinandersetzung›, der behindert den Kampf gegen den Terrorismus, der zerstört den Konsens ... (*Süddeutsche Zeitung*, 17./18. September). Zu diesen geistigen Wasserträgern, die sich ja vornehmlich aus SPD-Intellektuellen rekrutieren, gehören nun also auch Sie? Bei Ihnen frage ich mich noch; schon nicht mehr bei Ihrem Kollegen Scheuch, wenn er sein Rezept, man solle gegenüber Geiselnehmern israelischen Maximen folgen, mit der dunklen Drohung versieht: «Es gibt dann übrigens noch weitere Mittel – aber so weit sind wir erfreulicherweise noch lange nicht» (*Deutsche Zeitung*, 9. September). Wenn dieser Satz irgendeinen klaren Sinn hat, dann den, den man allenfalls von wildgewordenen Kleinbürgern erwartet.

(4) Das bringt mich auf das «Elend der Intellektuellen». Ich habe eigentlich nie das Bedürfnis verspürt, den Selbsthaß der Intellektuellen zu schüren; aber wenn Sie nun schon in die Fußstapfen dieser Tradition treten, wenn Sie sich ohne Zögern (und ganz ohne Erinnerung an Ihre eigenen Analysen der entsprechenden Strömungen der Weimarer Republik) von den Angstvorstellungen und Projektionen unserer Rechtsintellektuellen (Kronzeuge: Arnold Gehlen) ins Schlepptau nehmen lassen, darf ich doch einmal die Frage stellen: ob nicht unseren weitverbreiteten professionellen Deformationen etwas anderes zugrunde liegt als gerade «linke Theorie»? Wenn es für alles Eitle, Läppische, ja Gefährliche, das sich auf den Nenner des «Elends der Intellektuellen» zusammenziehen ließe, eine pauschale Erklärung gäbe, dann am ehesten die: daß wir der Forderung Max Webers, Leidenschaft mit Objektivität und Standhaftigkeit (Marx sagte: Parteilichkeit und Objektivität) zu verbinden, oft nicht gewachsen sind. Dabei läßt sich nicht einmal sagen, was schlimmer ist: die Korruption der Erkenntnis oder die der Sensibilität, die uns Partei nehmen läßt. Aber solche allgemeinen Sätze haben den Nachteil, daß man sich zu leicht auf sie einigen kann.

Ich sehe, konkret, das Elend der Intellektuellen hier und heute vor allem dokumentiert in jener Art von Reaktionsliteratur, mit der einige Ordinarien ihr Mütchen und die Wunden kühlen, die ihrem Narzismus in den Jahren des Studentenprotestes geschlagen worden sind. Damit beschönige ich nichts von dem, was ich selber stets kritisiert habe; aber ich vermisse in dieser Literatur, daß die Aufgabe, die uns Intellektuellen gestellt ist, ernsthaft angepackt wird: die Analyse einer neuen und weithin unbegriffenen Lage. Ich möchte es bei diesem vagen Hinweis nicht bewenden lassen, sondern zum Schluß diese Aufgabe mit ein paar Stichworten spezifizieren. Diese sind, wie mir bewußt ist, so locker und hypothetisch-spekulierend, daß ich sie nur in Briefform zu äußern wage – und nur zu dem Zweck anzugeben, was nach meiner Meinung die wichtigen erklärungsbedürftigen Phänomene sind, an denen wir uns lieber die Zähne ausbeißen sollten, anstatt stumpfgewordene Waffen aus dem Arsenal der Gegenaufklärung abzustauben.

Auch Ihrem Buch, Herr Sontheimer, liegt ja eine systematische Fragestellung zugrunde, eine Frage, die sich uns in der Alltagserfahrung der Bundesrepublik vielleicht deshalb deutlicher aufdrängt, weil in unserem Lande die sozialen und politischen Konflikte weniger scharf aufbrechen als in den meisten anderen Ländern. Wie ist unser hoch ambivalenter Zustand der sozialen Integration zu verstehen? Er scheint einerseits stabil zu sein, weil das ökonomische System, wenn man internationale Vergleiche anstellt, verhältnismäßig gut funktioniert; weil die Nebenfolgen einer relativ hohen Arbeitslosigkeit sozialpolitisch abgefangen werden und weil das politische System trotz Scheinpolarisierungen von einem Allparteienregime so gesteuert wird, daß es zu extremen Ausschlägen nicht kommt. Auf der anderen Seite scheinen unter der Oberfläche Konflikte zu schwelen, wie man an der Unzufriedenheit mit den politischen Parteien als solchen, an der beängstigenden Anfälligkeit unserer politischen Kultur, an einer schwer greifbaren Reizbarkeit im sozialen und politischen Umgang, an Lähmungserscheinungen in kulturellen Bereichen, vor allem an einem Anwachsen psychisch bedingter oder ins Private abgedränger Konfliktpotentiale ablesen kann. Dazu dann das alarmierende Symptom, das der Anlaß dieses Briefes ist: terroristische Gewaltakte. Wie geht das zusammen? Ähnelt nicht diese Form der sozialen Integration immer mehr jener pathologischen Stabilität, die wir aus Untersuchungen kranker Familien kennen? Diese Frage läßt mich einen analytischen Ansatz bevorzugen, der davon ausgeht, daß in Gesellschaften unseres Typs der Klassenkonflikt zwar tief in den Strukturen verankert, aber wirksam neutralisiert ist und in Randzonen verschoben wird. Darüber kann man natürlich streiten. Ich möchte nur auf ein Bündel von Phänomenen aufmerksam machen. Lassen Sie mich das in drei Schritten versuchen:

1. Wir können seit einigen Jahren in entwickelten kapitalistischen Gesellschaften Anzeichen eines *neuen Populismus* entdek-

ken. Bei uns ist das vor wenigen Wochen einer breiteren Öffentlichkeit durch Wildenmanns Umfragedaten zu Bewußtsein gebracht worden. Daraus geht hervor, daß ungefähr ein Viertel der Wahlberechtigten eine Steuerprotestpartei nach dänischem Muster bevorzugen würde. Man kann vermuten, daß ähnliche Strömungen in Norwegen von den Linkssozialisten für die Ablehnung des EG-Eintritts, in Schweden von den bürgerlichen Parteien für den Sturz der Regierung Palme, in den USA von Carter während der Vorwahlen für seine Nominierung zum Präsidentschaftskandidaten genutzt worden sind. Im letzten Bundestagswahlkampf scheint es dem provinziellen und biederen Sympathiewerber Kohl etwas besser als seinem Kontrahenten gelungen zu sein, dieses Potential für sich zu mobilisieren. Einzelne populistische Bewegungen bieten eine Möglichkeit, das ohnehin diffuse Einstellungssyndrom, das sich in nationalen Wahlen nur undeutlich zu erkennen gibt, etwas besser einzukreisen. Offenbar konzentrieren sich diese Strömungen in jenen Protesten und Bürgerinitiativen, die sich an Gefahren der Kernkraftentwicklung, an Problemen der Umweltzerstörung und an der Manipulation durch Planungen kommunaler Verwaltungen entzünden. Auch die von der CDU kanalisierten Schüler-Eltern-Proteste scheinen ihre Triebkraft in erster Linie aus dem Widerstand gegen die administrative Form der Durchsetzung von Schulreformen zu beziehen, während der Streit um die Reform*inhalte* die Rhetorik speist. Wenn man diese Szenerie um die außerhalb unserer Grenzen wichtigen regionalistischen Bewegungen erweitert, um Bewegungen, die sich an Konfessions- und Sprachgrenzen, um landsmannschaftliche Kulturen, um alle möglichen autonomistischen Ansprüche kristallisieren, werden die Umrisse dieses Syndroms etwas schärfer.

Wir haben es anscheinend mit verschiedenen Manifestationen von Widerstandshandlungen zu tun, die zunächst defensiven Charakter haben. Der Widerstand richtet sich nicht unmittelbar gegen klassenspezifisch zurechenbare Phänomene der sozialen Entrechtung und der Unterprivilegierung, sondern gegen die Zerstörung meist traditionell eingewöhnter Lebensformen. Die Konflikte entstehen an den Reibungsflächen zwischen den funktionalen Imperativen planender Verwaltungen, des ökonomischen Wachstums und des technischen Fortschritts einerseits, humanen Formen des Zusammenlebens andererseits. In diesem Licht erscheint als human vor allem die Expressivität, Selbsttätigkeit und Solidarität, die in den konkurrenzbestimmten, gleichzeitig instrumentalistischen und privatistischen Lebensformen des Bürgertums und seiner kleinbürgerlichen Varianten keinen Unterschlupf gefunden haben, und die nun durch eine alles penetrierende Verwaltung aus ihren letzten Reservaten vertrieben werden. Zu diesem Bild passen die Allensbacher Nachrichten über den Gemütszustand der Nation.

Wenn man einen Schritt zurücktritt und die herkunfts- und alterspezifischen Merkmale abzieht, vor allem das Fehlen ökonomischer Ängste berücksichtigt, entdeckt man ähnliche Reaktionsformen auch in dem Jugendprotest der sechziger Jahre. Der einzige überlebenskräftige Sproß dieser Revolte, die Frauenbewegung, ist zwar gegen die Versuchungen des Traditionalismus, man möchte sagen: naturgemäß gefeit, aber auch ihr Aktivismus trifft sich mit den neopopulistischen Bewegungen darin, daß er die (meist sozialdemokratischen) Vollstrecker der bürgerlichen Revolution an den blinden Fleck erinnert: neben Freiheit und Gleichheit blieb das dritte Element des Wertekatalogs ausgeblendet, die Brüderlichkeit oder besser: die Werte eines geschwisterlichen Umgangs. Im übrigen glaube ich, daß auch die konservativ getönte Wachstumskritik, die sich von Eppler bis Gruhl und von Garaudy bis Harich an die Fersen des Clubs of Rome geheftet hat, in diesen Zusammenhang gehört. Und natürlich macht sich dieses Syndrom auch in anderen Bereichen geltend: beispielsweise als Rückkehr zum Historismus, in der Architektur ebenso wie in der Philosphie.

2. Ich versuche mir manchmal klarzumachen, wie gleichsam im Augenblick des Beginns einer terroristischen Karriere die vollkommen wahnhaften Situationsdeutungen mit den Evidenzen der eigenen Alltagserfahrungen zusammenhängen könnten (und nicht nur mit den durch Interpretation vermittelten Evidenzen jener Zerstörungen, die die kapitalistische Wachstumsdynamik über den Weltmarkt und über direkte politische Interventionen der Großmächte in Ländern der Dritten Welt anrichtet). Solche Deutungen müssen ja biographisch verwurzelt sein. Könnte es nicht so sein, daß Empörung, Protest, Widerstand auch hier durch Lebenserfahrungen gestützt sind, die zwar durch eine persönlichkeits- und altersspezifisch verschärfte Optik überdeutlich wahrgenommen werden, die aber gar nicht so verschieden sind von jenen Erfahrungen, auf die auch neopopulistische Bewegungen reagie-

ren? Und es könnte sein, daß diese subjektiv erlittenen und intuitiv überzeugenden Defizienzen einer bestimmten (vielleicht sogar modellhaft vorgeführten) Lebensform dann, ohne den geduldigen Weg einer marxistisch informierten und sorgfältigen Analyse, ins Schattenreich imaginärer Klassenkämpfe projiziert werden. Diesen tentativen Gedanken muß man mit Vorsicht behandeln; wenn etwas daran ist, könnte man sich auch einige der merkwürdigeren Reaktionen erklären. Wer kann schon die einschlägigen Tiraden, zum Beispiel die abgefackten Leitartikel der *Frankfurter Allgemeinen Zeitung* lesen, ohne auf den Gedanken zu kommen, daß hier ein Affekt im Spiel ist, der Eltern überkommen mag, wenn die Kinder nicht diese und jene Ungerechtigkeit kritisieren, sondern *ihre* Form des Lebens in Frage stellen.

Wie dem auch sei, es will mir nicht von vornherein absurd erscheinen zu untersuchen, ob nicht der Terrorismus, zumindest in der Bundesrepublik, in den historischen Zusammenhang einer bürgerlichen Radikalisierung bürgerlicher Revolutionen gehört. Die modernen Gesellschaften haben ihre unbestreitbaren Erfolge bei der Entwicklung von Produktivkräften und bei der Durchsetzung legaler Herrschaft damit bezahlt, daß sie nach und nach alle Lebensbereiche in Formen ökonomischer und administrativer Rationalität pressen und Formen praktischer Rationalität unterdrücken. Marx und Max Weber haben diese Tendenzen verschieden interpretiert. An die Rationalisierungsthese Max Webers könnten wir anschließen, um herauszufinden, wie sich unter dem Zugriff von Rationalitätsformen, die für die kapitalistische Wirtschaft und die moderne Verwaltung spezifisch sind, *andere* Lebensbereiche deformieren. In diese Perspektive müßte man Veränderungen einbeziehen, die sich in säkularen Schrumpfungsprozessen abzeichnen: die Politik wird entstaatlicht, schrumpft immer mehr zusammen auf Administration und auf die Beschaffung von Akklamation; die bereits entzauberte Religion wird entheiligt, schrumpft zusammen auf profane Sittlichkeit; das, was Adorno die Entkunstung der autonomen Kunst genannt hat, vollzieht sich in einem Kranz von surrealistischen Begleitphänomenen: wir beobachten eine Entsublimierung der Kunst zur Massenkultur einerseits, zur Gegenkultur andererseits, ferner eine Entpathologisierung von Geisteskrankheiten, eine Entkriminalisierung von Verbrechen, eine Entmoralisierung von Angriffen auf die Integrität des Leibes und der Seele bei gleichzeitiger Ästhetisierung von

Gewalt. Ich kann mir auf alles dies noch keinen Reim machen. Aber wenn man den Verbindungslinien, die der Surrealismus zieht, folgt, scheint *ein* Schlüssel für die Technik der direkten Aktion und für die Psychologie des Terrors in der Entdifferenzierung der zunächst streng geschiedenen Bereiche von Politik und Kultur zu liegen.

3. Regierung und Opposition halten sich gleichermaßen an die Maxime, daß die unerwünschten Nebenfolgen des kapitalistischen Wachstums durch beschleunigtes Wachstum kompensiert werden sollen. So wachsen die Reibungsflächen, an denen sich neopopulistische Regungen entzünden. Das ideologische Klima der siebziger Jahre spiegelt dieses Dilemma. Es wird von einer Mixtur aus neu- und altkonservativen Strömungen beherrscht. Einerseits werden die Werte der protestantischen Ethik beschworen, um die brüchig gewordenen Motivationsgrundlagen für ein konkurrenzbestimmtes Beschäftigungssystem (und ein daran anzukoppelndes Bildungssystem) zu kitten; andererseits staffiert man private Welten, die als Stoßdämpfer gedacht sind, mit Assoziationen an vorbürgerliche Traditionen aus (hier findet auch ein verwaschener Begriff von Solidarität seinen Platz).

Die Ideologieplaner und ihre intellektuellen Helfer befinden sich freilich bei ihrem Versuch, konservatives Gedankengut zu reaktivieren, in einer mißlichen Situation. Die Nazis haben diese Traditionen so gründlich diskreditiert, daß es in der Bundesrepublik, ich gebrauche hier ein Wort von Hans Paeschke, einen «authentischen Konservativismus» nicht mehr geben konnte. Statt dessen sind die ersten zweieinhalb Nachkriegsjahrzehnte eine Periode gewesen, in der es in Deutschland zum erstenmal gelungen ist, die ohnehin verstümmelte und immer wieder verdrängte Tradition der Aufklärung von Lessing bis Marx in ganzer Breite zur Geltung zu bringen, das heißt zum Medium geistiger Produktivität und zum Anknüpfungspunkt des politischen Selbstverständnisses zu machen. Ein Augenblick Jugendrevolte war dann genug, um Jahre der Reaktion einzuleiten, einer Reaktion, die anscheinend jetzt die Stunde gekommen sieht, zwei Fliegen mit einer Klappe zu schlagen: den Konservativismus vom Makel seiner Verfilzung mit dem bürokratischen Terror reinzuwaschen und radikale Aufklärung durch eine denunziatorische Verbindung mit dem individuellen Terror der RAF in eben die moralische Diskreditierung hineinzupeitschen, der das jungkonservative Erbe allzu deutscher

Traditionen mit Recht verfallen ist. Könnte Strauß heute den Terrorismus der Neuen Linken, oder der Linken überhaupt, pauschal in die Schuhe schieben, könnte Kohl die Behauptung aufstellen, daß dieser Terror «ohne Verharmlosung und intellektuellen Zuspruch» unmöglich gewesen wäre, wenn nicht von den Tendenzschriftstellern zuvor eine Sympathisantenszene geschaffen worden wäre, die auf solche Diskreditierungsversuche anspringt?

Diese Briefsammlung steht unter dem Titel «Verteidigung der Republik». Das soll heißen: wir werden für die Positionen der Aufklärung in unserem Lande kämpfen. Wir haben in den letzten Tagen den Vorgeschmack einer Diskreditierungskampagne bekommen, die sich des Mittels substanzloser Schuldzurechnungen bedient. Die Geister werden sich daran scheiden, wer hier der Sympathisant ist.

Freundliche Grüße

Ihres
Jürgen Habermas

Hartmut von Hentig

Dies wäre das Ende der Meinungsfreiheit

den 24. 9. 1977

Lieber Herr von K.

Sie haben mir im Anschluß an eine Fernsehdiskussion über den Terrorismus geschrieben, ich hätte – zu Ihrer Enttäuschung – «die schwächste Figur in der illustren Runde abgegeben». Wenn meine Argumente schwach erscheinen, muß ich das um der von mir vertretenen Sache willen bedauern – verwundern darf es mich nicht. Denn schwach sind nicht so sehr meine Worte, Urteile und Zweifel, als vielmehr das, wofür ich sie einsetze: die Idee des liberalen Rechtsstaates. In einer Welt, in der auf der einen Seite skrupellose Mörder den Staat unter Ausnutzung von Recht und Menschlichkeit erpressen und ihn zwingen wollen, das Unrecht, das er verhindern soll, selber zu tun, auf der anderen Seite die Bürger ihrerseits die Aufhebung der Rechtsordnung fordern (ein deutscher Professor schreibt mir: «Die Abschaffung der Todesstrafe im Grundgesetz kann in Anbetracht der Gefahrensituation genauso außer Kraft gesetzt werden, wie andere Bestimmungen dieses Grundgesetzes am laufenden Band außer Kraft gesetzt werden») – in einer solchen Welt ist der sich durch das Gesetz selbst beschränkende Staat entweder lächerlich oder heuchlerisch. Für ihn können nur Toren oder seine geheimen Verderber eintreten. Ich aber beharre darauf, daß die gegenwärtige Not unseres Staates von ihm nicht verschuldet ist; daß harte Maßnahmen, wie man sie jetzt treffen kann, diesen Terrorismus kaum eindämmen, uns aber von einer umfassenderen Diagnose des Problems abhalten werden; daß starke Worte, wie Sie sie bei mir vermißt haben, von der tatsächlichen Ohnmacht ablenken sollen; daß die Republik nur durch die Republik zu retten ist.

Ich bin schon weiter in meinem Thema als gut ist. Kehren wir für einen Augenblick in die Ausgangssituation zurück; an ihr kann sichtbar werden, wie tief herab in unser Alltagsgebaren die Wirkungen unserer unterschiedlichen Überzeugungen reichen. Sie schreiben mir, weil Sie zu wissen glauben, was ich denke. Sie unterstellen, ich sei für Pardon; Sie legen mir nahe, meine «Position daraufhin zu überprüfen, an welchem Punkt ein allzuweit getriebenes Verständnis, eine zu gescheite Motivforschung, in Sympathisantentum umschlägt und den Nährboden des Terrorismus bildet»; Sie sprechen mir nicht das Recht zum Bekleiden meines akademischen Amtes ab, Sie wünschen mich nicht nach Sibirien, wie es andere Schreiber nach dem gleichen Fernsehgespräch getan haben, aber Sie teilen deren Sorge: daß, weil es Menschen gibt, die unsere Institutionen für weiser halten als unsere Empörung, der Staat in Hilfslosigkeit verharren, dem Terror nachgeben und am Ende die Verbrecher freilassen werde. Ich finde das ungeheuerlich – und sehe, wie dies jetzt allenthalben geschieht: Wer je irgendwo für eine Liberalisierung (und das heißt für die Rückgabe einer öffentlichen oder persönlichen Verantwortung an die Bürger) eingetreten ist, wer je starre Normen zugunsten von Selbstbestimmung und Einsicht des einzelnen zurücknehmen wollte, wer je an der Schicksalhaftigkeit sozialer Verhältnisse gerüttelt, wer Freiheit mit Mündigkeit, Mündigkeit mit Kritikfähigkeit (weiß Gott nicht mit ihr allein!) in Verbindung gebracht hat und Politik nicht für ein Reservat der Politiker, sondern eine Pflicht aller *politai* – aller Bürger – hält, wer in Sachen Abtreibung, Lehrpläne, Energieversorgung, Ladenschluß, Datenschutz etc. zweifelt, ob der Staat prinzipiell besser weiß, was dem Bürger frommt, der ist offenbar auch dafür, daß der Staat sich nicht wehrt und seine Bürger nicht schützt. Der wird oder macht sich zum Parteigänger der Terroristen.

Was habe ich tatsächlich gesagt? Sie erinnern sich vielleicht: Zunächst hat der Gesprächsleiter meine Nachbarin gefragt, was ihrer Meinung nach in dieser Lage vordringlich geschehen müsse. Sie – eine Kriminologin – antwortete mit kriminaltechnischen Vorschlägen, von deren Verwirklichung sie sich teils größere Abschreckung versprach; die Todesstrafe, fügte sie spontan hinzu, habe diese Wirkung nicht. Ich wurde als zweiter gefragt. Erschrocken darüber, wie schnell heute jedermann zu wissen weiß, was nottut und seine Hoffnung auf Einschränkungen, Kontrollen, materielle und organisatorische Mittel setzt, die er den säumigen, unberatenen, renitenten Verantwortlichen empfiehlt, sagte ich: Selbstdisziplin üben – und das heißt: nicht dem Verstand mit dem

Mut davonlaufen; nicht die Ratlosigkeit im Schwall der Taten ertränken; nicht beschuldigen, verleumden, verdächtigen; nicht Sündenböcke schlagen und in die Wüste schicken.

Kaum hatte ich meine Zweifel an der Richtigkeit der allgemeinen Maßnahmenzuversicht (fälschungssichere Autoschilder und Führerscheine, strengere Registrierpflicht in Hotels, Aufhebung des Rechts der Strafgefangenen auf die Wahl ihres Verteidigers) geäußert, war ich eingeordnet. «Sie und Ihresgleichen» heißt es in den Briefen an mich – «Sie und Ihre Gesinnungsgenossen». Nunmehr ist sicher, daß ich sage und meine, was jene sagen und meinen. Ich bin für viele Menschen seit dem 15. September ein «Sympathisant» der Terroristen.

Können sie *meine Sorge* teilen, daß dies ein für die Republik gefährlicher Zustand ist? Hat, wer der Neigungen zu solchen Vereinfachungen und Pauschalurteilen nachgibt, nicht etwas getan, was den Feinden des Staates – aus welcher Richtung auch immer sie kommen – gelegen ist? Ist nicht die Republik der Versuch, die Gegensätze, die es zwischen ihren Bürgern natürlicherweise gibt, aus dem bellum omnium contra omnes, dem Krieg aller gegen alle, herauszuheben in den geordneten, überwachten, vernünftigen Austrag vor und mit Hilfe von öffentlichen Institutionen? «Freund–Feind», diese archaische Figur, vorgefaßt, ungeprüft, für unprüfbar erklärt – wäre sie nicht selbst der Anfang der Erzeugung-von-Schrecken-zur-Durchsetzung-eines-Ziels (so die deutsche Übersetzung von «Terrorismus»), vor deren abscheulicher Vollendung wir jetzt stehen? Max Frisch hat auf seine Weise vor dieser Sünde gewarnt: Du sollst dir kein Bildnis machen . . .

Vielleicht können Sie nun auch die schwache Figur meiner Argumente anders sehen, von denen man in einer zeitlich begrenzten Gesprächsrunde natürlich immer nur ein oder zwei Kernsätze anbringen kann:

1. Es beruhigt mich keineswegs, wenn die Politiker nun «endlich durchgreifen» wollen; es beunruhigt mich vielmehr, wenn man glaubt, mit den kaltblütigen und ebenso selbstmörderischen wie mörderischen Terroristen besser fertig zu werden (sie überhaupt zu treffen!), indem man alle Bürger schärferen Kontrollen unterwirft.

2. Wer nicht versteht, wie Menschen zu Terroristen werden – wie man dazu kommt, Gewalt zu verherrlichen, und wie man dazu kommt, sie zu tun, und was das eine vom anderen trennt –, der

kann den Terrorismus nicht bekämpfen, er kann ihn bestenfalls nachträglich rächen.

3. Weil die Täter nicht allein handeln können, weil ihnen materielle und psychische Hilfe zuteil werden muß, damit sie ihr verworfenes, vereinsamtes Handeln verkraften, und weil diese Helfer – anders als die Täter – für uns noch erreichbar sind, müssen wir alles tun, um sie in die Gesellschaft, in die gemeinsame Vernunft zurückholen. Die Isolierung der sogenannten Sympathisanten treibt sie in die Arme der Terroristen. «Vergeben» muß ich ihnen keine ihrer Torheiten oder Ungerechtigkeiten.

4. Wenn man dagegen Verstehen-wollen «sympathisieren» nennt und – wie zur Zeit – mit Komplicenschaft gleichsetzt, verhindert man die gerade für die Bekämpfung notwendige Aufklärung des Phänomens.

5. Die Universität hat die Aufgabe, solche Aufklärung zu treiben. Die Deutung des menschlichen Verhaltens ist eine schwierige und komplexe Kunst. Sie kann nicht getrieben werden ohne ein gewisses Maß an Einfühlung, Identifikation. Sie kann auch nicht absehen von den bedingenden Umständen. Was man dabei herausfindet, ist denen, über die man es herausfindet, oft weder lieb noch verständlich. Empathie (jene Einfühlung) ist meist entlarvender, belastender als die rein rationale Erklärung; und die «Verhältnisse», die schuld sind, sind auch wieder Menschen. Es ist also gar nicht verwunderlich, wenn niemand jenen Wissenschaften so recht hold ist – außer flachköpfigen Optimisten, die noch immer hoffen, mit der Wissenschaft endlich das Ungetüm Mensch «in den Griff» zu bekommen. Physiker, die die Energieprobleme lösen, Mediziner und Pharmakologen, die unsere Krankheiten heilen helfen, Techniker, die unser Leben erleichtern, sieht man mit Wohlwollen; Humanwissenschaftlern, die unsere sozialen und geisten Beziehungen durchleuchten, begegnen wir mit Skepsis. Aus dieser wird bleiches Mißtrauen, wenn und weil junge Menschen («die noch nichts geleistet haben») aus den Universitäten Stätten der Unruhe, aus Kritik moralische Verdammung, aus der Erfahrung anderer (aus dem geschenkten Wissen) radikale Forderungen machen und wenn Professoren ihre staatlich geschützten Seminare in Schulen der Systemveränderung verwandeln.

6. Es wäre verhängnisvoll, wenn die Bürger den Universitäten das Vertrauen entziehen, weil nicht mehr zu erkennen ist, um welches Verstehen es geht – das durchschauende oder das mitma-

chende und gutheißende; wenn die Freiheit, die die kritische Erkenntnis ermöglicht, abgeschafft oder geschmälert würde, weil sie von einigen für die Produktion von Irrtum und Irrsinn mißbraucht wird; wenn die verfaßte Wissenschaft nicht mit ihren eigenen Mitteln und aus eigener Kraft diesen Mißbrauch von sich abzutrennen vermöchte; wenn sie nicht deutlich genug zwischen ihren Gegenständen (zu denen die Gewalt und die Ideologien der Gewalt gehören) und ihren Mitteln (zu denen diese nie und nimmer gehören) unterscheidet. Die Universitäten, die freie Presse, die öffentlichen Fernsehanstalten erfüllen ein für die Gesellschaft notwendiges Amt, wenn sie den Aufruf eines Göttinger *Mescalero* analysieren. Sie «verherrlichen den Mord» nicht über den jener dürftige, eitle, verführte Geist orakelt. Wer *dies* behauptet, vergiftet unsere politische Gemeinschaft.

Der Führer der Opposition hat vor wenigen Tagen verkündet, seine Partei werde sich mit kompromißloser Härte gegen alle die wenden, die den Staat und unsere Grundordnung bekämpfen oder diesen Kampf, sei es mit religiösen, moralischen, wissenschaftlichen oder politischen Argumenten, zu rechtfertigen versuchen.

Dies wäre das Ende der Meinungsfreiheit, denn was «Kampf» oder noch «Kritik» ist, wird man nach Ausschaltung der aufgezählten geistigen Mittel endgültig nur noch aus den Positionen der Macht entscheiden. Ich glaube nicht, daß Helmut Kohl dies will, aber seine Sätze werden von solchen, die dies wollen, mit Genuß zitiert.

7. Ich weiß, wieviel Anlaß die «Intelligenz» dem «gemeinen Mann» zum Kopfschütteln gibt. Man muß nicht an die auf Schokkierung der normalen Gemüter angelegten Happenings erinnern, bei denen nackte Menschen mit dem Blut eben (dilettantisch) geschlachteter Schweine übergossen wurden oder an die Wiederaufführung von Hexenprozessen aus dem Mittelalter, um die Berufsverbote anzuprangern (dergleichen versteht meist nur, wer es tut) – es genügt ein Besuch in einer Universitätshalle, und der steuerzahlende Bürger hat das Gefühl, er finanziere die ideologische Versumpfung der heutigen Jugend: hier werde sein Sohn oder seine Tochter nicht lernen zu arbeiten, sondern weltferne Anklage zu erheben und das von ihm erarbeitete Zweite-Handelsmacht-der-Welt-Deutschland zu zerstören. Diese Auslegung des Augenscheins ist falsch. Man darf sich nicht durch die lauten Spruchbänder, die Buchauslagen der linken Sekten und schon gar

nicht durch die gesuchte äußere Verwahrlosung der heutigen Studenten täuschen lassen. Sich dem zu entziehen, fällt um so schwerer, als beredte Kenner dieser Szene der verstörten Öffentlichkeit bestätigen: Die Intellektuellen sind arrogant und amoralisch, sie lassen die anderen die Arbeit tun und verdecken ihre illegetime Macht durch geheuchelte Solidarität mit der Unterschicht, dem sozialen und sozialistischen Fortschritt. Und dann zitiert man Helmut Schelsky (auch Sie, Herr v. K., tun es und just in diesem Zusammenhang!). Präludiert man damit nicht Franz Josef Strauß' «Schreibtischtäter»-These? Es gibt Schreibtischtäter; es gibt Theorien, die die Anwendung von Gewalt rechtfertigen und aus jungen Leuten wenn schon nicht Terroristen machen, so ihnen doch helfen, ihren Terrorismus zu rechtfertigen. Solche Schreibtischtäter soll man beim Namen nennen und zeigen, wo und wie ihr Wort zu Gift geworden ist.

Aber daß die Intellektuellen pauschal als die Verräter der kleinen Leute, der arbeitenden Bevölkerung, der gemeinsamen Ordnung und Vernunft seien, ist eine gefährliche Insinuation.

8. Sowenig wie die sogenannte Intelligenz, sowenig hat das gesunde Volksempfinden recht. Sie haben auch leider nicht immer schon unrecht, weil sie sind, wie sie sind. Man muß prüfen. Die Auseinandersetzung über das, was die Republik, ihre Bürger und Konsuln jetzt tun sollen, beginnt mit der Frage: Wer stellt wie fest, daß eine solche Gefahrensituation eingetreten ist, daß die in Ruhe und Besonnenheit beschlossenen Mittel des Rechtsstaates nicht mehr ausreichen und entweder geändert oder durch neue ersetzt werden müssen?

Ein Gesprächspartner in der Fernsehstunde sprach von dem, was das Volk empfindet. In den Leserbriefen deutscher Zeitungen können wir's jetzt alle täglich lesen: Empörung, Widerwillen, Abscheu, Angst – und «Nun-aber-Schluß», keine Rücksicht mehr, Rache. «Wenn die Politiker so lahm weitermachen – wir, das Volk, werden es uns nicht gefallen lassen.» «Das Volk» fordert mit Mehrheit die Todesstrafe für Terroristen. Die vom *stern* befragten Prominenten sind mit Mehrheit dagegen. – Warum erwähne ich das? Das Volk (gehöre ich nicht dazu? Befällt mich nicht auch Angst und Wut?) hat ein Recht auf seine Empfindungen. Seine Vertreter im Parlament, die Menschen, die in verantwortlichen Positionen sitzen, die Meinung machen und verbreiten, haben eine Pflicht zur Besonnenheit. Sie müssen den vielzitierten kühlen Kopf bewahren, den Ressentiments und der unerlösten Angst widerstehen, die trügerischen Sicherheiten und unerfüllbaren Versprechen beiseite räumen und dafür gelegentlich den Unmut der anderen tragen. Wer mit Schelsky die Herablassung der Intellektuellen tadelt, mag recht haben für die meisten Personen, die man so nennt. Aber ihre Funktion brauchen wir. Schelskys eigene Rolle, die die eines beruflichen Intellektuellen ist, beweist das.

9. Meine Rolle gleicht der seinen. Es ist die des Unterscheidens, des *dis-cernere*, des *krinein*, wie Römer und Griechen es gleichermaßen nannten. Ich bin Lehrer. In meiner Schule – wie in jeder anderen – geschehen Taten, die so unverständlich sind wie der Terror: ein Wüten meist unerkannt bleibender Kinder gegen ihre geordnete aus irgendwelchen Gründen gehaßte Welt. Wie kann ich verhindern, daß, wer heute Schuleinrichtungen, das Eigentum der Mitschüler wahllos, sinnlos und fühllos zerstört, morgen eine Bombe legt? Aber dieses Fragen ist nicht auf meinen Beruf beschränkt: als denkender Mensch und als Bürger in einer Demokratie kann ich mir nicht versagen, verstehen zu wollen. Ich muß sogar radikal verstehen wollen, wenn ich richtig und menschlich reagieren will. Dies ist der Grund für die sorgfältige Sicherung der Wahrheitsfindung im Strafprozeß. Befangenheit, Vorurteile, Nötigung werden, so gut es geht, ausgeschaltet. Und nun soll dies – unter dem Terror der Ereignisse – entfallen, ausgerechnet in der Lage, für die diese Sicherungen geschaffen worden sind? Jetzt soll Skrupelhaftigkeit der Schwäche bezichtigt werden und Schwäche des Sympathisierens? Es werden heute eingehende und verdienstvolle psychologische Studien über Hitler geschrieben. Sollen wir dies immer erst tun (dürfen), wenn der jeweilige Schrecken dreißig Jahre vorüber, unter den Trümmern, die er angerichtet hat, begraben ist?

10. Ich bin – schließlich – auf Grund meines Verständnisses vom Staat (eines, das die Väter des Grundgesetzes und seither die überwältigende Mehrheit der Volksvertreter teilten) gegen die Todesstrafe. Ich lehne sie nicht nur ab, weil sie nicht wirksam ist oder weil Justizirrtümer möglich sind und dann nicht wiedergutgemacht werden könnten oder weil ich an das Gebot glaube «Du sollst nicht töten», sondern weil der Staat, die verfaßte Gesellschaft, damit etwas qualitativ anderes wird: Er ist die Einrichtung zum Schutz und zur sinnvollen Ordnung des Lebens, aber er ist

nicht Herr über das Leben. Er würde in unser aller Namen töten. Ich darf nicht anderen zumuten, etwas für mich zu tun, was ich prinzipiell weder erleiden noch vollziehen will. Der Gesellschaftsvertrag, durch den sich der einzelne den Gesetzen der Gemeinschaft unterwirft, kann niemals die Auslöschung des einen Partners zum Inhalt haben. Wo dies geläufige Praxis geworden ist, ist der Staat auch der Idee nach ein Herrscher, der die Menschen bestimmten Zwecken unterordnet. Dies ist im strengsten Kantschen Sinn unsittlich.

Was hätte ich zu folgern? Was vermag mein Wille zum Verstehen des noch Unverständlichen? Wie wirklich und wie wichtig sind solche Gedanken heute? Ich habe anfangs darauf bestanden, daß es vordringlich ist, nach Ursachen zu fragen: Wie entstehen Terroristen? Der wollte ich weiter nachgehen dürfen, ohne selbst unter die Sympathisanten gerechnet zu werden, auch dann nicht, wenn ich Erklärendes und vielleicht Entschuldigendes über sie herausbringe.

Ich muß jetzt unterscheiden zwischen der Frage:
– wie kommt man dazu, so zu denken und zu reden wie ein Terrorist?
und der Frage:
– wie kommt man dazu, so zu handeln?

Ich glaube, daß dazwischen ein entscheidender Abstand liegt. Auf die zweite Frage habe ich keine Antwort; dazu fehlt mir jede Empathie. Daß die Mörder nur noch um des Mordens willen morden (*Frankfurter Allgemeine Zeitung*, 12. 9. 1977) sagt mir nichts. Ein Ziel ihrer Handlung sehe ich auch nicht. Ich sehe, was die Psychologen und Kriminologen zusammenstellen: Vorbilder auf dem Bildschirm, die Verfremdung der Tat durch die Technik, die verschiedenen Triebschicksale, die Erfahrung von Gewalt. Die Erklärung bleibt ein Konstrukt. Die Antwort darauf muß ebenso sein. Ich überlasse sie den Juristen.

(Daß es auch Mörder gibt, die – fast täglich – Menschen umbringen, um Geld zu erbeuten, organisierte unpolitische Gewalt gegen einzelne, das vergessen wir in diesen Tagen leicht – und sollten es nicht. Erklären fällt dort merkwürdigerweise leichter. Warum?)

Menschen dagegen, die so reden wie Terroristen, die die Welt zu retten behaupten, unentwegt Drachen tötend, Gewalt als die Befreiung aus den Verstrickungen des falschen Systems, des seinerseits vergewaltigten Bewußtseins preisend – die hab ich oft gesprochen und «verstehe» ein wenig, warum sie so sind.

Man konnte neulich im WDR einen Film über ein Gespräch der Reporter mit den Göttinger *Mescaleros* sehen. Wie verworren, wie irreal, wie irrational war alles, was sie sagten! Ohne den Mord an Buback und die Entführung von Schleyer – nebst vier weiteren Morden an seinen Begleitern – hätte niemand diesem Gerede auch nur die geringste Aufmerksamkeit gezollt. Pubertäre Kraftmeierei, ein wenig Herostratentum, eine geheime Sehnsucht nach Bedeutung – nicht nur für ihre mittelmäßige, unerhebliche Person, sondern für das Leben überhaupt –, der Wunsch nach etwas Absolutem, Unaufhebbarem in einer Welt belangloser Alternativen, falscher Fassaden, hohler Versprechen, allzu williger Kompromisse – ist das nicht alles Zunder genug? Überschätzt man nicht die Hessischen Rahmenrichtlinien maßlos mit ihren papierenen Lernzielen («prüfen, ob es Situationen gab, gibt, in denen erklärt werden muß, ob es zur Sicherung oder Verbesserung demokratischer Verhältnisse notwendig ist, formaldemokratische Spielregeln/Rechte vorübergehend außer Kraft zu setzen»)? Wieviel Lust an der *public attention*, die einem zuteil wird, wenn man «klammheimlich Freude» zu erkennen gibt, wieviel Verführung durch das Anti-Nazi- oder Anti-Faschismus-Pathos und welcher Triumph, wenn sich solcher Faschismus dann auch zeigt: Rufe nach dem starken Mann ertönen, Minoritäten verfehmt werden, die Polizei einmal so recht zuschlägt! Wieviel Isolierung in den Gettos der Schulen und Hochschulen, wieviel Unerfahrenheit auch, mit dem, was die ältere Generation – mit Recht – die wirkliche Unfreiheit, den wirklichen Polizeistaat, das wirkliche Unrechtregime nennt! Und doch: wer einmal in einem Demonstrationszug mitmarschiert ist, weil seine Überzeugung es gebietet und es sein demokratisches Recht ist und dabei von den Ordnungshütern «gefilzt» worden ist: seine Coca-Cola-Flasche abgeben, sein Kochgeschirr ausschütten, seinen Daumenabdruck hinterlassen mußte, der nährt Feindschaft in seiner Brust – mit den Gefühlen der Ohnmacht und des öffentlichen Betrugs.

In seinem (vielleicht) 25. Lebensjahr ist er nicht Teil der Gesellschaft, die Geld verdient, einer Arbeit nachgeht, ein Stück Schicksal selbst bestimmt: er ist Kostgänger des Staates, er weiß, daß sein Weg von der Statistik mehr abhängt als von seiner Tüchtigkeit, er sieht, daß sich alles um die Konjunktur dreht, und hört, daß er, bitte schön, mehr verbrauchen solle, damit vor allem sie nicht zusammenbreche: denn ohne sie sind wir nichts.

Diese jungen Leute – sie sind keine Terroristen. Sie sind nicht einmal Sympathisanten. Aber wenn die Gesellschaft ihnen nicht andere, wichtigere Forderungen stellt und weitere Perspektiven eröffnet, dann sind sie ein Potential für irrationale, womöglich gewalttätige Reaktionen. Ihre Unbedarftheit macht sie nicht harmloser, sondern gefährdeter und also gefährlicher. Wer wie die befragten *Mescaleros* seine eigene Antwort auf eine Frage der Umwelt nicht durchhalten kann, sondern mitten drin abbricht mit «ach Kacke . . .», der wird schon aus barer Schwäche kein vernünftiger Bürger werden. Der erzeugt die Erfahrung, daß er herumgestoßen wird, ständig selber; er fühlt sich also «verfolgt». Wenn ihm dann Theorien zu Hilfe kommen, die die herrschende Gesellschaftsordnung zum Bösen schlechthin erklären, hält er sich für gerechtfertigt: dann ist er Siegfried.

Die Zahl der Jugendlichen, die diesen Weg gehen, ist nach meiner Wahrnehmung gering gemessen an der Aufregung, die sie erzeugt. Die Mehrzahl ist in einem mich selbst erstaunenden Grad entschlossen, mit dieser Demokratie zu leben. Es gibt keinen Grund zur Panik. Willy Brandt hat am 6. September – unmittelbar nach der Entführung von Hanns-Martin Schleyer – geschrieben: die Terroristen und ihre Sympathisanten trieben das Geschäft der finsteren Reaktion, ja der Neo-Nazis. Ich meine, sie haben die Bürger der Bundesrepublik so fest um ihren Staat geschart, wie das niemand und nichts vermocht hat: sie haben ein neues Bewußtsein davon geweckt, wozu ein Staat wie der unsere gut ist – nicht nur zum Verteilen von wirtschaftlichen Wohltaten. Der Rechtsstaat wird bestehen, wenn die Bürger ihn wollen: die skrupelhaften, an seinen Gesetzen meßbaren, im Bewußtsein des Rechts unbeirrbaren Staat.

Die technische Zivilisation hat neue Lebensverhältnisse und neue Machtverhältnisse geschaffen. Die Mittel, die ein einzelner in der Hand haben kann und mit denen er Millionen von Menschen erpressen kann, haben in den letzten Jahrzehnten mächtig zugenommen – Film und Wirklichkeit malen die Möglichkeiten vor uns aus. Wir werden nie wieder in den alten Republiken leben, in denen entschlossene Bürger und maßvolle Polizei genügten, um dem Gesetz Achtung zu verschaffen. Wir werden unsere Einrichtungen und Gesetze weiterentwickeln müssen, so daß auch wir in

Sicherheit leben können. Der Augenblick des Terrors ist freilich der schlechteste Augenblick dazu.

Ihre Kritik hat mich nachdenklich gemacht. Die Gedanken kreisten in diesem Brief um die Terroristen und ihre Sympathisanten, um die Liberalen und ihre Kritiker. Am Ende kehren sie dorthin zurück, woher dies alles seinen Ausgang nimmt: zu einem Mann, der einsam und in der Gewalt von Verbrechern ist – einem Mann, der Sie oder ich sein könnte.

Es grüßt Sie Ihr
H. Hentig

Dieter Hildebrandt

Diese Art von Pöblizistik

Sehr geehrter Herr Nachbar!

Mir scheint, Sie schauen ein bißchen anders über den Zaun als noch vor Wochen. Es kommt mir auch so vor, als gingen Sie einem Schwatz beim Briefkastenleeren aus dem Wege. Hat sich irgend etwas zwischen uns geändert? Hat unser Hund zu laut gebellt? Es tut uns leid. Man steckt nicht drin. Oder haben unsere Töchter ihren Rock-Spender wieder auf Überlautstärke gedreht? Diese Art von Senioreneinschüchterung kann ich auch nicht leiden. Aber was soll ich machen? Oder, verzeihen Sie, daß mir der Gedanke kommt, ist Ihnen durch die Lektüre der *Welt*, der *Welt am Sonntag*, der *Bild*, des *Münchner Merkur* und einiger anderer völkischer Aufputschmittel so richtig klar geworden, daß ich zu den «Sympathisanten» gehöre?

Nachdem ich Ihnen ja am Gartenzaun schon soviel über mein Leben erzählt habe, wissen Sie, daß alle Anzeichen darauf schließen lassen: ich stamme aus gutem Hause – mein Vater war streng – in meinem Bücherschrank steht Hermann Hesse – und ich habe ein übersteigertes Gerechtigkeitsgefühl. Das bringt mich, nach Meinung einiger Meinungsmacher in diesem Lande, stark in die Nähe der Terroristen.

Sollten Sie sich in diese Ecke lesen, dann würde ich Sie bitten, bevor Sie sich von dieser Art von Pöblizistik gänzlich überwältigen lassen, noch einmal mit mir zu reden.

Bitte, erinnern Sie sich. Wir waren uns immer klar darüber, daß es auf der Basis dieser Verfassung möglich ist zu leben. Über das wie oder wie weiter gingen unsere Ansichten sehr oft auseinander. Sie haben mir gesagt, welche Partei Sie immer gewählt haben, und ich mußte Ihnen nicht sagen, daß ich dort mein Kreuz nicht machen würde. Sie plädierten für die Einschränkung von Grundrechten, ich war für deren Erweiterung.

In einem waren wir uns immer einig: Daß in unserem Stadtbaureferat alles drunter und drüber geht und daß man da mal gehörig . . . mit starken Worten!

Hat sich inzwischen etwas geändert? Schielen Sie vielleicht schon an mir vorbei, ob hinter meinen Gardinen heimliche Waffenlager versteckt sind?

Sind wir wirklich immer noch so blöde, daß wir uns durch eine durchsichtige, niederträchtige, emotionsgeladene Minderheitenhatz das selbstverständliche Verständnis für den Andersdenkenden ausreden lassen?

Ich erwarte dringend Ihre Antwort. Es ist höchste Zeit.

Walter Jens

Isoliert die Desperados durch mehr Demokratie

Lieber Freimut Duve,

das eine, damit kein Mißverständnis entsteht, gleich vornweg: Dies ist nicht die Stunde, in der die sogenannten Intellektuellen, die Schriftsteller voran, irgendeinen Grund hätten, ein reumütiges pater peccavi zu artikulieren. Zur Selbstbezichtigung besteht nicht der geringste Anlaß. Die Beflissenheit, mit der man hier und dort in die Arena stürzt, um seinen Abscheu vor dem Terror und den Terroristen zu bekunden, scheint mir ebenso makaber wie entwürdigend zu sein. Nein, wir haben es nicht nötig, denke ich, uns Selbstverständlichkeiten abverlangen zu lassen: Wir zu allerletzt, die seit eh und je für Toleranz und friedlichen Austrag der Gegensätze, für den Pluralismus von Kunst und Wissenschaft und die Freiheit, die, nach Rosa Luxemburg, mit der Freiheit der Andersdenkenden identisch ist, für Radikalität im Denken und für Absage an alle Gewalt eingetreten sind und dies, in unseren Schriften, Zeile für Zeile belegen können.

Wer ist denn, zu einer Zeit, als andere bereits wieder mit dem Säbel zu rasseln begannen, für das friedliche, bescheidene, humane und freundliche Gemeinwesen namens Bundesrepublik Deutschland eingetreten – wer war für das Ausland identisch mit diesem Land, wenn nicht der heute als Helfershelfer der Terroristen an den Pranger gestellte Schriftsteller Heinrich Böll? Wer, wenn nicht die Schriftsteller in ihrer überwältigenden Mehrheit, haben seit Jahr und Tag ihre Stimme gegen das rüde Freund-Feind-Denken, die Verteufelung des politischen Gegners, gegen inquisitorisches Gehabe und – sit venia verbo! – alle «Ausmerzungs»-Tendenzen erhoben?

Kurzum, eine Selbstanklage wäre kurios – die Wehleidigkeit auch. In Augenblicken der Krise stehen die Warner und Zweifler, die Beidäugigen unter den Einäugigen, die Rundumblicker inmitten der Fanatiker – die Intellektuellen – nun einmal als erste am

Pranger. Wenn die Scharfmacher Morgenwind riechen und die Stunde der kleinen und großen McCarthys wieder einmal gekommen ist, wenn es unter nur all zu willkommenem Vorwand, ans Großreinemachen geht, dann sind die Zweifler (die Nörgler im Sinne des großen Karl Kraus), die sokratischen Nein-Sager, die Friedfertigen zwischen den Lagern auserwählt für das Feuer der Rechtgläubigen: Kommunistenbrut und Schreibtischtäter, Sympathisanten der Gewalt und Banditenfreunde, in die Flammen mit euch!

Kein Grund zur Erregung, deshalb kein Anlaß zu hektischer Reaktion. Wer gestern drüben gelobt wurde, weil er es wagte, die schändlichen Berufsverbote hierzulande beim Namen zu nennen (was anders als ein Berufsverbot ist es denn, wenn ein Lokomotivführer, der sich zu einer zugelassenen Partei bekennt, nicht mehr Lokomotivführer sein darf?); wer sich heute drüben geehrt sah, weil er die Disziplinierungen, diese niederträchtigen Maßnahmen, gegen unbotmäßige Schriftsteller, und nicht nur gegen sie, in sozialistischen Staaten attacktierte; wer an ein und demselben Tag von der *Frankfurter Allgemeinen Zeitung* und der *Welt* als Kryptokommunist und von den *agents provocateurs* der Reaktion, von den verwöhnten, links wie eine Modefarbe tragenden Kindern der Bourgeoisie als liberaler Scheißer und Büttel des Monopolkapitals etikettiert wurde, der sollte in einer Situation wie dieser bedenken, daß seine Würde und sein Stolz es gebieten, weder mit den Wölfen zu heulen noch in den Chor mit einzustimmen, die, weil's ihnen in den Kram paßt, auch Hunde und Katzen, ja sogar Schafe und Lämmer als Wölfe zu bezeichnen.

Keine falsche Scham also, und keine Ängstlichkeit. Keine Scheu, den Herren von der *Frankfurter Allgemeinen*, die Kapitalismuskritik als «linke Pflichtübung» und Sünde wider den Heiligen Geist unseres Gemeinwesens erklären, das Ahlener Programm der CDU um die Ohren zu schlagen! Keine Scheu, sich noch nachdrücklicher als bisher zu der These zu bekennen, daß der Begriff «demokratischer Sozialismus» tautologisch ist, da es weder eine Demokratie ohne Sozialismus noch einen Sozialismus ohne Demokratie gibt; keine Scheu schließlich, den Andersdenkenden mit Beharrlichkeit und Geduld zu verdeutlichen, daß Sozialismus nicht die Prämisse, sondern die Negation des Terrors bedeutet.

Doch nun zur Sache und zum Wichtigen: Es kommt darauf an,

denke ich, die Politiker davon zu überzeugen, die Nachdenklichen unter ihnen, daß die allgemeine Verdrossenheit in diesem Land, Resignation und Lethargie, zumal unter der Jugend, nur im Zeichen entschlossener Liberalisierung und weitgehender, die Selbstbestimmung der freien und gleichen befördernder Reformen zu überwinden sind. Solange wir einen Radikalenerlaß haben, solange Schnüffelei und allgemeine Bespitzelung herrscht, solange der Pflichtakt eines Demokraten, der Protest gegen das chilenische Mörderregime, bestenfalls als «Jugendsünde» etikettiert wird, solange alte Nationalsozialisten nicht nur die Dreistigkeit, sondern das Recht haben, über die demokratische Gesinnung antifaschistisch erzogener junger Menschen zu befinden; solange es einen Fall Silvia Gingold gibt (einen Fall, der für sich allein genügt, um Befremden und Mißtrauen gegenüber unserer Republik im Ausland erklärbar zu machen); solange in diesem Land offen mit zweierlei Maß gemessen wird und rechte Diktatoren, Folterer und Rassisten als Ehrenmänner dastehen, solange die Moral Tag für Tag diskreditiert wird und ein Pfarrer sich zur Ordnung gerufen sieht, nur weil er seine Christenpflicht tut und nach dem Sinn eines Fußball-«Freundschafts»-Spiels gegen die Elf eines Landes fragt, in dem irgendwo, von keinem Pfarrer geleitet, ein Mädchen namens Elisabeth Käsemann erschossen worden ist, solange das Freund-Feind-Denken regiert und, mit Hilfe einer totalitären Doktrin, die Hälfte des Volkes zu Ketzern erklärt wird («Freiheit statt Sozialismus»), solange das Adenauersche Gut-Böse-Schema noch in der Welt ist («Die Wahl entscheidet darüber, ob Deutschland christlich bleibt oder kommunistisch wird»; «Wir sind fest entschlossen, daß die SPD niemals an die Macht kommt . . . weil wir glauben, daß mit einem Sieg der SPD der Untergang Deutschlands verknüpft ist»), solange Politiker, ohne von ihrer eigenen Partei zur Ordnung gerufen zu werden, Begriffe wie «sozialistisch» und «terroristisch» als Synonyma ausgeben, solange wird es den Studenten und Lehrlingen – anders als in der Ära Willy Brandt: der kniende Mann als Symbol eines friedlichen, auf Dogmatismus und Rechthaberei verzichtenden Landes! solange wird es der jungen Generation nicht möglich sein, sich mit dieser Gesellschaft zu identifizieren und deshalb «wir» und «unser» zu sagen, weil eine begründete Aussicht besteht, daß die Sozietät, demokratisiert auch auf dem Felde der Wirtschaft, zu einer Republik im Sinne der unmittelbar nach dem Krieg von allen Parteien entwickelten Vorstellungen werden könnte.

Nicht der sogenannte «starke Staat», der, auf den gemeinsamen Nenner des Antikommunismus gebracht, unser Land sowohl gegenüber unseren Nachbarn als auch – und vor allem! – gegenüber seiner eigenen Geschichte, seiner *citoyen*-Tradition isolieren würde, sondern das liberale und tolerante – und eben darum keineswegs schwache! – Gemeinwesen schafft jene Identifikationsbasis, auf dessen Fundament es weder «Grauzonen» noch «Sympathisantenszenen» gibt, weil die Desperados, anders als jetzt, inmitten einer Gesellschaft isoliert wären, in der Kritik nicht nur gestattet, sondern geboten ist und in der die Meinungsfreiheit allein dort ihre Grenze findet, wo Gewalt für rechtens erklärt wird . . . in welcher Form immer: einerlei, mit welchen Kautelen, Einschränkungen, Verharmlosungen!

Wir Schriftsteller, die wir uns immer als Sympathisanten verstanden haben: als Sympathisanten der Opfer, der Schwachen und Wehrlosen, sollten nicht müde werden, auf die Identität von allgemeiner Demokratisierung und Überwindung des Terrors, von Freund-Feind-Denken und Beförderung der Gewalt verweisen. Unter diesem Aspekt ist, im Gegensatz zu allen Unkenrufen der Rechten, die Devise Willy Brandts «mehr Demokratie wagen», ist das Vermächtnis Gustav Heinemanns – ich denke an seine Rede über die Reformation – heute, und gerade heute, aktueller denn je: Nicht durch Beschränkung, sondern durch Erweiterung der Bürgerrechte – durch eine mutige Identifikation stiftende Offensive ist republikanische Freizeit zu retten, ist der den Terrorismus nährenden Verzweiflung zu begegnen. (Nein, das ist nicht unser Staat, der uns in so manchen Verfassungsprotokollen begegnet – das ist der Metternich-Staat oder der Staat, in dem jeder Untertan seinen Eid auf die protestantische Konkordienformel ablegen mußte und Johannes Kepler ein Berufsverbot erhielt!) Terrorismus und Machtstaat: Das sind Geschwister. Gewalt und Republik: Das ist Feuer und Wasser.

Ich hoffe, lieber Freimut Duve, daß es in diesem Land Politiker gibt, liberale Sozialisten wie Peter Conradi und aufgeklärte Konservative wie Manfred Rommel, die sich bewußt sind, daß das Gebot der Stunde nicht Abschreckung, Drohung und Einschüchterung, sondern republikanische Identifikationsstiftung heißt.

Identifikation im Sinne der Perikles-Sätze: «Wir vereinigen in uns die Sorge um unser Haus, um unsere Stadt und unseren Staat:

Den verschiedenen Dingen zugewandt, ist doch in allgemeinen Dingen keiner ohne Urteil. Denn bei uns heißt einer, der daran keinen Anteil nimmt, nicht ein stiller Bürger, sondern ein schlechter.»

Ulrich Klug

An die Bundestagsabgeordnetinnen

Hamburg und Köln, 22. 9. 1977

Sehr geehrte Damen,

an Sie schreibt hier ein Bürger, der die in mancher Hinsicht kontrastreiche Veränderung der Stellung der Frauen in unserer Gesellschaft während eines halben Jahrhunderts bewußt sowie ab und an mit Staunen miterlebt hat, gewissermaßen vom Knicks der Studentinnen vor ihrem Professor bis zum strengen Blick und Wort der Feministinnen im Hörsaal. Der Schreiber dieser Zeilen erinnert sich aber dazu mancher Frauen unserer ersten Republik aus den letzten zwanziger und den ersten dreißiger Jahren, wie etwa der Reichstagsabgeordnetinnen Maria-Elisabeth Lüders, Anna Siemsen, Christine Teutsch, Clara Zetkin und anderer, deren politische Aktivitäten so wirksam waren, daß wenigstens in diesem Bereich, stellt man Reichstag und Bundestag nebeneinander, eher von kontinuierlicher als von kontrastreicher Entwicklung die Rede sein kann – von jenem verhängnisvollen Einbruch der Hitlerdiktatur abgesehen, die in diesem Zusammenhang durch den vergessenen Namen der «NS-Frauenschaftsführerin» Scholz-Klink – hieß sie so? – symbolisiert wird.

Mit diesen Stichworten eingeführt, wird es vielleicht als nicht unerlaubt empfunden, wenn dieser Brief ohne Rücksicht auf Fraktionszugehörigkeit allen Bundestagsabgeordnetinnen zugedacht ist. Dem Absender kam beim Blick auf Vergangenheit und Gegenwart der Gedanke, sich in unserer Zeit des Kampfes gegen den Terrorismus an die Frauen im Parlament wenden zu dürfen und zu sollen. Er bittet nur, ein solches Vorgehen nicht sofort als irgendwie «Damenrede»-haft und als ein Verhalten abzukanzeln, dem im Grunde doch patriarchalische Wunschvorstellungen zugrunde liegen. Es geht einfach um den dringlichen Wunsch, Hilfe zu mobilisieren.

Denn diese Hilfe hat unsere Republik, die sich nach der Auffassung vieler unserer Mitbürger als in die Defensive gedrängt ansehen müsse, offenbar nötig. Verzeihen Sie bitte, wenn ich Offenkundiges aussprechend, das Axiom vorausschicke, die Bundesrepublik und das sie formende Grundgesetz sind es wert, verteidigt zu werden. Ist denn die zweite Republik in Gefahr? Nun, die Mordkriminalität von Terroristengruppen mit ihrem relativ kleinen Umfeld ohne politischen Rückhalt in der Bevölkerung eines 60-Millionen-Staates bedroht gewiß nicht die Existenz unseres Landes. Unbestreitbar aber drohen Gefahren für die Rechtsstaatlichkeit und dadurch zugleich für die Menschenfreundlichkeit unserer Demokratie, wenn der Gesetzgeber sich zu Änderungen unserer Rechtsordnung entschließt, wie sie von manchen Seiten vorgeschlagen werden. Insofern wäre es schlecht, wenn versäumt würde, unsere Republik zu verteidigen.

Von dem vielen, was für diese Verteidigung bedacht werden muß, zählt aus meiner Sicht zu dem Wichtigsten:

Als Folge von Urängsten, die sich zum äußersten Haß verformen, wird in emotionalen Eruptionen, die naturgesetzlich genannt werden müssen, weil auch dies eine Seite des Menschlichen ist, beim Erfahren von Mordkriminalität, immer wieder der Tod des Täters gefordert. Obwohl wenige Erkenntnisse wissenschaftlich so abgesichert sind, wie die, daß die Todesstrafe für die Verhinderung von Tötungsdelikten ungeeignet ist, und nichts darüber hinweghilft, daß ein irrtümlich ergangenes Todesurteil nach der Vollstreckung auch nicht annäherungsweise wiedergutgemacht werden kann, sieht es in unserer Welt so aus, als ob der Ruf nach der Todesstrafe zwanghaft immer wieder ertönen muß. Diese Forderung ist der reflexhafte Angstschrei der Gesellschaft. Das jüngste Furchtprodukt ist die bedingte Todesstrafe, die nur vollstreckt wird, wenn der Verurteilte durch ein Geiselverbrechen aus der Strafanstalt heraus-erpreßt werden soll.

Angst und Furcht bei Gefährdung, nicht nur des Friedens, sondern des Lebens – wer könnte sie nicht verstehen, wer wollte dem Gesetzgeber oder der Regierung oder auch der Justiz erlauben, sie unberücksichtigt zu lassen!

Sie beachten heißt aber nicht, dem Staat das Töten derjenigen zu erlauben, die sich in seiner Gewalt befinden. Diejenigen, die sich gleichwohl für die Wiedereinführung der im Grundgesetz verbotenen Todesstrafe, als unbedingte oder bedingte Sanktion, einsetzen, sehen nicht, daß sie den humanen und rechtsstaatlichen

Vorsprung vor der atavistischen Ideologie der «RAF» und anderer krimineller Vereinigungen verringern. «Hinrichtungen» nennen die Terroristen ihre Morde und demaskieren sich damit – und nicht nur damit – als extreme Feinde gesellschaftlichen Fortschritts, denn sie propgaieren damit die Wiedereinführung der Todesstrafe in ihrer «neuen Gesellschaft».

Die Idee der bedingten Todesstrafe gibt den Blick frei auf gespenstische Konsequenzen: Die Regierung, die von Kriminellen erpreßt wird, antwortet mit der gleichen Methode. Sie versucht ebenfalls, mit Tötungsankündigungen ein Handeln zu erzwingen. Erpressung mit Geiselerschießung steht dann gegen Erpressung mit Geiselerschießung. Auch der Staat pokert mit dem Töten bei dieser neuen modischen Form der Todesstrafe. Weniger Rechtsstaatlichkeit läßt sich kaum denken. Das zeigt sich vor allem dann, wenn der, dessen Freiheit von Kriminellen erzwungen werden soll, der bedingt zum Tode Verurteilte, behauptet, er habe sich von jener Erpressergang gelöst. Wer würde dann über die Glaubwürdigkeit dieser Aussage entscheiden? Was geschieht, wenn es wahr ist, daß der Verurteilte sich geändert hat? Wird dann das rechtskräftige Urteil, soweit es den Tod androht, aufgehoben? Wie reagiert man in diesem Fall gegenüber den Erpressern?

Wer Wege glaubt beschreiten zu müssen, die zu derartigen Terroristen-Ähnlichkeiten zwangsläufig führen, greift unsere durch das Grundgesetz determinierte Republik an. Gegen diese Entwicklungen muß die Republik verteidigt werden, wenn sie nicht ihr rechtsstaatliches Profil und ihre humane Struktur verlieren soll.

Gustav Radbruch, der sein ganzes Berufsleben lang gegen die Todesstrafe kämpfte, hat dem Schreiber dieses Briefes noch kurz vor seinem Tode erklärt, daß er es bereut habe, als Reichsjustizminister das nach der Ermordung seines Ministerkollegen Walther Rathenau erlassene «Republikschutzgesetz» unterzeichnet zu haben.

Den Frauen im Parlament gilt nun die Frage, ob nicht gerade sie diejenigen sind, die es versuchen könnten, den «Patriarchen», die durch Jahrtausende getötet und sich in den sadistischen Ausgestaltungen qualvoller Hinrichtungsmethoden gegenseitig überboten haben, zu zeigen, wie falsch dies alles war und ist? Diese Frage muß erlaubt sein, gleichgültig ob sie aus der einen Ecke als biedermeierlich oder aus der anderen Ecke als neuartiges Phänomen einer Feministenanbiederung interpretiert wird. Die Verteidigung unserer Republik ist zu wichtig. Wenn Bundestagsabgeordnetinnen den erbetenen Versuch machen würden, lieferten sie ein eindrucksvolles Beispiel für die Verwirklichung jenes Fundamentalgrundsatzes, den man in der Rechtstheorie als das Prinzip der Selbstbindung des Rechtsstaates an das eigene Recht bezeichnet hat.

In diesem Sinne appelliert an Sie
Ihr Ulrich Klug

Dieter Kühn

Kritische Wachheit gerade jetzt

Düren, 20. 9. 77

Sehr geehrter Herr «Me.»,

in der *Frankfurter Allgemeinen Zeitung* vom 31. August 77 hatten Sie ihren Leitartikel «Geld genügt nicht» mit der Chiffre «Me.» gezeichnet; zu diesem Kürzel gibt es kein Aufschlüsselungsangebot in der Zeitung, deshalb diese ungewöhnliche Anrede.

Ich hatte mir nicht nur Ihren Leitartikel aufbewahrt in meinem Wandschrankarchiv, ich hatte dort die gesamte Kopfseite dieser Ausgabe deponiert, zur Dokumentation: auf dieser Seite läßt sich erstaunlich, erschreckend viel Symptomatisches ablesen über die Entwicklung unserer Republik zu einem Staat, der seine Bürger immer stärker kontrolliert und bevormundet.

Bevor ich auf Ihren Artikel eingehe, werde ich zu Ihrer und meiner Erinnerung und zur Erinnerung der Mitleser die wichtigsten und bezeichnendsten Abschnitte dieser Titelseite skizzieren und charakterisieren: Ihr Leitartikel muß im Kontext dieser anderen Texte gelesen werden. Denn in einem Leitartikel wird Resümee gezogen, wenigstens für den jeweiligen Nachrichtentag; der Leitartikel soll helfen, die Nachrichten zu beurteilen.

Die Überschrift des Hauptartikels, auf den sich Ihr Leitartikel direkt bezieht: «Millionen für die innere Sicherheit». Die zweite, ebenso groß gesetzte Überschrift: «Bonner Pläne im Kampf gegen den Terrorismus».

Ich fasse zusammen: Ein Millionenprogramm zur Verstärkung der Sicherheitsdienste des Bundes stehe neben der Konjunktur- und Haushaltspolitik auf der Tagesordnung nach der ersten Kabinettssitzung nach der Sommerpause; laut Beschlußvorlage des Innenministeriums werde der Ausbau des Personalbestands im Bundeskriminalamt, im Bundesgrenzschutz, im Bundesamt für Verfassungsschutz vorgeschlagen – dies bedeute eine Aufstokkung um 50 Millionen Mark; dieses Ausbauprogramm solle von den Ländern ergänzt werden, man denke an eine Erhöhung der Zahl der Bereitschaftspolizisten der Länder; weiter solle die geistig-politische Auseinandersetzung verstärkt werden – Stellenanforderungen auch hierzu; Aufklärungsarbeit solle intensiviert, Ursachenforschung getrieben werden –, «durch diese Aufklärung hofft man auf die Aktivierung breiter Bevölkerungsschichten bei der Auseinandersetzung mit Helfershelfern und Sympathisanten».

Diese Meldungen stehen nun auch wiederum in einem Kontext von Nachrichten und Kommentaren; auch diesen Kontext muß ich einbeziehen. Vielleicht verstehen Sie dann besser, warum mich Formulierungen Ihres Leitartikels alarmiert haben.

«Unbehagen vor dem Besuch Breschnews in Bonn» lautet die Überschrift eines einspaltigen Artikels dieser Seite. Hier werden «Erklärungen des CDU-Politikers» Mertes referiert. Und zwar, unter anderem, zu einem Interview, in dem Herbert Wehner «vor mehreren Monaten» eine neue Initiative bei den Wiener Abrüstungsverhandlungen gefordert hatte. Wehner habe dabei Wörter verwandt wie: «gleichzeitig», «gleichmäßig», «allseitig», während die NATO auf «asymmetrischen Abrüstungsmaßnahmen» bestehe, «um so zu gleich starken Streitkräften auf beiden Seiten zu kommen».

Mertes will also bewußt machen, daß Wehner schon in seinen Formulierungen den Verdacht erregt, er sei zu «neuen Ostkonzessionen» bereit. Zu diesen verdächtigen Wörtern kommt ein weiterer Begriff: die «Passepartout-Vokabel Entspannung». Auch hier ein Begriff, der offenbar die Wahrheit verschleiert, denn durch die von der SPD-Führung geforderte Entspannung werden «in der objektiven Wirkung die sowjetischen Interessen einseitig begünstigt».

Und Mertes schreibt in seiner Erklärung weiter: «Brandts illoyale Abrüstungsvorstöße, Bahrs unfaire Argumentation gegen die Neutronenbombe, Wehners Attacken gegen die Festigkeit in Berlin, Bruno Friedrichs Verhöhnung der verfassungsgemäßen Auslegung der Ostverträge: all das beantwortet der Osten mit dankbarer Anerkennung und Bundeskanzler Schmidt mit verlegenem Schweigen.»

Dies soll kein Offener Brief an Herrn Mertes werden, sondern an Sie, «Me.». Deshalb will ich nicht Punkt für Punkt vornehmen, will ich nur an zwei Beispielen zeigen, wie hier mit Sprache «Politik» gemacht wird – und damit bin ich beim Thema.

Aus den Formulierungen «Brandts illoyale Abrüstungsvorschläge» und «Bruno Friedrichs Verhöhnung der verfassungsgemäßen Auslegung der Ostverträge» soll der Leser wohl schließen: hier geschieht Unrecht. Unrecht gegenüber einer Loyalität (wem gegenüber?), Unrecht gegenüber der Verfassung (in welchen Punkten?). Aber Mertes ist noch steigerungsfähig in seinen Formulierungen: «Bahrs unfaire Agitation gegen die Neutronenwaffe.» Das ist das Aberwitzigste, das ich seit langem gelesen habe! Eine Nuklearwaffe, die gleichzeitig mehrere tausend Menschen töten, verwunden kann – wie könnte man sich ihr gegenüber «unfair» verhalten? Müssen wir jetzt Mitleid haben mit der armen Neutronenbombe? Weil sie sich nicht wehren kann?

Auf der Titelseite der *Frankfurter Allgemeinen* vom 31. August steht ein weiterer Artikel, in dem mit Sprache «Politik» gemacht, sprich Emotion geweckt wird.

Schon die Überschrift bringt da die rechte Intonation: «Schrille Töne der Gewerkschaftsführer». Und der erste Satz nimmt sofort das Thema auf: «Einige Gewerkschaftsführer laufen Amok mit Worten.» Amok laufen: das ist blindwütige Aktion entweder von Verbrechern oder von Kranken.

In welcher Form laufen sie Amok mit Worten? Durch «Unternehmerbeschimpfung». Hier sollen Leser wohl den Merkspruch assoziieren: Wer schimpft, ist im Unrecht.

Weiter heißt es in dieser Gewerkschaftsbeschimpfung: «Der Radikalismus einiger Gewerkschaftsführer trägt Schaumkronen.» Wild schäumt und tobt das Meer! Und wo Elemente toben, da ist menschliche Vernunft sehr fern (siehe Amoklauf!). Aber diese bildliche Beschreibung genügt noch nicht, es wird der Begriff «Radikalismus» eingesetzt. Hier soll man wohl assoziieren: diese Gewerkschaftsführer gehören letztlich zu den Radikalen, für die der Radikalenerlaß geschmiedet wurde.

Und was sie vorhaben, ist denn auch, laut Artikel, strafwürdig: sie wollen offenbar den gesellschaftstragenden Pfeiler der Tarifautonomie «zum Abbruch freigeben», wären damit «allerdings bereit, Grundpositionen unserer freiheitlichen Ordnung preiszugeben. Hier muß Klarheit geschaffen werden.» Mal endlich Klarheit schaffen! Ja, wir verstehen durchaus, wie das gemeint ist.

Damit ist es nun wirklich keine Zweifel mehr geben kann über dieses blindwütige, gesellschaftsfeindliche Verhalten von Gewerkschaftsführern, wird noch einmal geschrieben von einem «verbalen Radikalismus an höchster Stelle der Gewerkschaften». Dies ist mehr als eine Kampfansage: hier wird Sprachkrieg geführt.

Und in diesem Kontext, sehr geehrter Herr Me., nun Ihr Leitartikel, rechts oben. Ich will nicht mit «herausgerissenen» Zitaten arbeiten, sonst heißt es leicht, es werde manipuliert, ich zitiere zwei größere Blöcke, damit ungefähr die Hälfte Ihres Textes.

Zitat eins. «Für den weiteren Ausbau der Schutzorgane des immer stärker herausgeforderten Staates – es wäre das dritte solche Verstärkungsprogramm innerhalb weniger Jahre – ist der Zeitpunkt diesmal günstig. Denn ihre kräftige personelle Aufstockung durch Bund und Länder würde haargenau in die konjunkturpolitische Landschaft passen. Fast könnte man von einer prästabilierten Harmonie sprechen: mit der entschlossenen Kampfansage an den Terrorismus kann anscheinend zugleich die Arbeitslosigkeit bekämpft werden und umgekehrt.»

Zuerst ein paar Worte zum erneuten «Verstärkungsprogramm» des «immer stärker herausgeforderten Staates». Ja, dieser Staat ist herausgefordert, entschieden herausgefordert, gerade in diesen Wochen nach der Entführung von Schleyer. Aber ist dieser Staat gefährdet? Das schreiben Sie hier nicht, aber der Leser muß es in dieser Zeit mitdenken.

Mit der Pose der Überlegenheit wird von Politikern, Regierungssprechern und «publizistischen Hilfstruppen» (eine Formulierung von Ihnen) immer wieder das mangelnde Selbstbewußtsein der DDR beklagt. Wie sieht es mit dem Selbstbewußtsein unseres Landes mit mehr als 50 Millionen Einwohnern aus, wenn einige Killertrupps seine Gesellschaftsordnung gefährden, ja verändern können? Unsere Gesellschaft ist äußerst anfällig für Verbrechen; das wird sich durch keine noch so strenge Gesetzgebung verhindern lassen, durch keinen noch so verstärkten Personen- und Objektschutz. Der Mord an Kennedy zeigte, daß selbst bestbewachte Männer gefährdet sind.

Terrorismus gibt es nicht nur bei uns, daran muß wohl mal erinnert werden. Es gibt Terrorismus in den Niederlanden – denken Sie an die Aktionen der Molukker. Soweit ich weiß, erörtert und plant man in den Niederlanden aber nicht ernsthaft eine strengere Gesetzgebung, eine noch lückenlosere Überwachung der Bürger. Es gibt Terrorismus in England – denken Sie an die explodierenden Bomben in der Londoner Innenstadt. Soweit ich weiß, erörtert und plant man in England aber nicht ernsthaft eine strengere Gesetzgebung, eine noch lückenlosere Überwachung der Bürger.

Was bei uns geschehen ist, soll nicht bagatellisiert werden (nicht bloß, weil das bald unter Strafandrohung stehen soll!). Aber der vergleichende Blick auf Nachbarländer zeigt, daß bei uns die Reaktionen am stärksten sind. Es werden nicht nur Terroristen verfolgt, wie das notwendig ist, es wird immer mehr von einer «Sympathieszene» geschrieben und geredet, von einem «Sumpf», der «ausgetrocknet» werden muß. Ist es so ganz unverständlich, wenn man im Ausland diese Dokumentation «deutscher Gründlichkeit» fürchtet?

In all dieser Aufregung, in diesem Hin und Her von volksverhetzenden Aufrufen (letztlich gegen alle Intellektuellen) und von meist halbherzigen Gegenerklärungen scheint Ihre Stellungnahme nun vorbildlich besonnen zu sein. Ein Ruhepunkt. Beispielsweise benutzen Sie einen feinen, besonders kultivierten Begriff: «prästabilierte Harmonie». Da scheinen Einsichten zu walten in tiefere Zusammenhänge. Sie ziehen die Synthese. Und wo Synthese ist und Harmonie, da wird beruhigt, begütigt, abgeschlossen.

Aber Sie zeigen ganz neue Dimensionen der Auseinandersetzungen auf, ganz neue Möglichkeiten der Kontrolle und Bevormundung. Denn: nun ist ja eigentlich keine Kritik mehr möglich gegen solch ein «Verstärkungsprogramm», gegen solch eine erneute Aufblähung des sowieso schon viel zu großen Behördenapparats. Denn: wer gegen diesen erneuten Ausbau von Staatsmacht ist, der ist für die Erhaltung der Arbeitslosigkeit. Und wer könnte das öffentlich vertreten?

Ich nenne Ihnen ein Beispiel dafür, wie sich Ihre fatale Harmoniebildung der Bekämpfung von Arbeitslosigkeit und Terrorismus auswirken kann auf die (behördliche oder auch öffentliche) Einschätzung von Personen, die – wie ich zum Beispiel – den Terrorismus ablehnen. Ich bin aktiv in einer Bürgergruppe, die den manischen, schon zum Selbstzweck, zur Selbstbefriedigung der Behörden gewordenen Straßenbau im hiesigen Kreis kritisiert und fragt, ob die vielen Millionen, die allein im Kreis Düren für halb oder völlig überflüssige Straßenbauten ausgegeben werden, nicht sinnvoller verwendet werden könnten im sozialen und kulturellen

Bereich. Mehrfach bekamen wir schon zu hören, vorerst nur leise: ob wir etwa Arbeitsplätze gefährden wollten? Wenn ich dann sage, der Straßenbau sei wenig personalintensiv, die Baukolonnen durchweg recht klein, so nützt das wenig, denn der Hinweis auf die Notwendigkeit der Arbeitsplatzerhaltung ist schon selbständig geworden.

Nun, seit Ihrem Leitartikel kann es noch schlimmer werden in der öffentlichen Beurteilung: durch Kritik am wildwuchernden Straßenbau fördert man seit dem 31. August den Terrorismus. Und zwar kraft der prästabilierten Harmonie, die Sie beschwören.

Ich habe hier eine schlimme Assoziation: es gab schon einmal eine Zeit, in der mit der vorgeblichen Bekämpfung von Arbeitslosigkeit Kritik erst diskreditiert, dann verboten wurde; auch die Gründung der SA galt als Mittel, Arbeitslosen Tätigkeit und Verdienst zu verschaffen. So kamen diese Männer «von der Straße», wie oft befriedigt festgestellt wurde. Nur marschierten sie dann um so entschiedener auf die Straße – mit Folgen, die bekannt sind.

Eine Assoziation, ich betone das, keine Gleichsetzung; so simpel imitiert sich die Geschichte nicht. Aber es gibt Erfahrungen, aus denen man lernen sollte; Studienmaterial liegt reichlich vor.

Zweites Zitat. «Bisher wird der Staatsschutz landauf, landab von den lautstarken linken Kräften der SPD und der FDP verteufelt, und nur selten raffen sich deren Parteiführungen, die es besser wissen, zu Widerspruch auf. Was immer Verfassungsschutzorgane tun, gilt diesen Linken als ‹Spitzelei› und als grobe Unrechtshandlung gegen ‹Demokraten›. [. . .] Die Einstellung zum Staatsschutz von Grund auf zu ändern wird ein schweres Stück Arbeit sein. Aber geändert muß sie werden; Geld und Stellenpläne allein bewirken nichts.»

Auch hier habe ich eine schlimme Assoziation: McCarthy. Immer mehr Sicherheitskräfte, immer mehr «Verstärkungsprogramme» – das kann sich doch gar nicht alles gegen die wenigen Dutzend oder hundert Terroristen richten, das muß sich gegen eine immer größere Zahl von Bürgern richten. Diese verstärkten Kräfte haben ja nun den beruflichen Auftrag, Verdacht zu fassen – wird es demnächst immer mehr Verdächtige geben, immer mehr Demokraten, die man in Anführungsstriche setzt?

Natürlich, Herr Me., übertreibe ich hier. Aber nicht sehr, fürchte ich. Auch was Sie geschrieben haben, kann dazu beitragen, den innenpolitischen Druck zu verstärken.

Es liegt nah und fällt mir schwer, diesen Offenen Brief mit Appellen zu beenden. Etwa diesem: man sollte Kritik nicht gleich unterstellen, sie wolle «verteufeln», um auf diese Weise Kritik zu verteufeln. Wir brauchen Kritik, kritische Wachheit, Wachsamkeit, gerade jetzt. Aber wem sage ich das?

Mit freundlichen Grüßen
Dieter Kühn

Siegfried Lenz

Einer des anderen Gesinnungspolizist?

An einen Karikaturisten

Sehr geehrter Herr Hicks,

als Karikaturist, der sich täglich mit dem Zeitgeist duelliert, brauchen Sie schon eine Position der Unbelangbarkeit; das ist mir klar. Schließlich darf einer, der seinen Strich in den Dienst der ätzenden Wahrheit gestellt hat, nicht unentwegt zur Rechenschaft gebeten werden; wer, wie Sie, aufspießt, was uns bedrückt, wer kenntlich macht, was uns belastet, der sollte schon eine Art von Immunität zugesprochen bekommen. Ich zumindest billige jedem einen gewissen Schutz zu, der davon lebt, unerwünschte Erkenntnisse zu verbreiten: Je sicherer, je unabhängiger ein Geist, desto müheloser gelingt ihm jene heilsame Bloßstellung, die uns allen nützt.

Fern davon, für eine Aufhebung ihrer aus Gewohnheit herrührenden Immunität zu plädieren, möchte ich Sie heute allerdings fragen, wie Sie selbst, als berufsmäßiger Förderer der Erkenntnis, die Zeitkritik eines Karikaturisten beurteilen, der mit seinem Strich weniger der förderlichen Bloßstellung dient als der ausgemachten Diffamierung. Ich möchte Sie fragen, was Sie von einem Aufklärer mit der Feder halten, der, falls er sein Wissen nicht unterdrückt, ein Maß an Nichtwissen zu erkennen gibt, das zumindest skandalös genannt werden muß. Als Liebhaber des Konkreten möchte ich Ihnen ein Beispiel anbieten.

Kurz nach einem heimtückischen Mord, von deutschen Terroristen begangen, erschien in dem Blatt, das ich täglich lese, eine denkwürdige Karikatur. Sie zeigte die unterschiedlichen Hintern deutscher Schriftsteller – auch meiner war darunter –, die Köpfe der Schriftsteller steckten tief im Sand; der Kommentar wollte wissen, daß alles, was deutschen Autoren zu dem furchtbaren Mord einfalle, die Vogel-Strauß-Reaktion sei. So unstimmig der Sachverhalt, so aufschlußreich die Gesinnung des Karikaturisten. Denn, was verrät sie?

Zunächst einmal dies: einen alten Argwohn und einen Anspruch. Hier wird behauptet, daß der Schriftsteller angesichts eines Verbrechens, das den Staat herausfordert, nichts anderes zu tun weiß, als sich blind zu stellen und zu schweigen. Dabei wird man unwillkürlich zu dem Schluß verführt, daß, wer in solch einer Lage nur mit Schweigen antwortet, insgeheim ja wohl dem Geschehen zustimmen muß. Und Zustimmung, so darf weiter gefolgert werden, ist eine Vorstufe zur Komplicenschaft. Diese Meinung zu übernehmen wird zwar nicht nahegelegt, doch es wird nicht ausgeschlossen, daß sie sich bildet.

Hier, sehr geehrter Herr Hicks, spricht sich der sattsam bekannte Argwohn gegen den Schriftsteller, oder sagen wir: gegen den Intellektuellen überhaupt aus, mit dessen Existenz sich alle, die jemals das Sagen hatten, erst dann abfanden, wenn er sich, ein dressierter Vogel, in der Bestätigung herrschender Meinungen erschöpfte. Hier wird, beispielhaft, wiederum ein Verdacht auf jene gelenkt, die sich für ein Einzelgängertum selbst dann entschieden, wenn es sie im fühlbaren Gegensatz zur Mehrheit brachte. Sind wir denn wieder soweit? Soll der Schriftsteller sich hierzulande abrufbereit halten, um, wann immer die Institutionen es für nötig erachten, seine Stimme zu erheben, pünktlich, postwendend? Geht der Anspruch der sogenannten Öffentlichkeit wirklich dahin, den Schriftsteller zu prompten, öffentlichen Bekenntnissen zu nötigen? Ist er schon wieder eine so zweifelhafte Erscheinung, daß wir ihm eine Zurschaustellung seiner Gefühle und Meinungen nicht erlassen dürfen?

Sehen Sie, es gibt ein Entsetzen, das die Sprache verschlägt, und es gibt eine Empörung, die sich nicht ins schnelle Wort setzen läßt: muß der Karikaturist wenigstens nicht dies dem Schriftsteller zugute halten? Und was, wenn ein Autor es vorzieht, auf Ereignisse, die alle angehen, mit seinen Möglichkeiten zu antworten, und das heißt notgedrungen: auf langwierige Weise, mit einem Stück, einem Roman? Besteht der Karikaturist nichtsdestoweniger auf alibihaften Pflichtäußerungen? Was ist das für eine Gesinnung, der soviel daran liegt, Lippenbekenntnisse zur stehenden Verhaltenspraxis zu machen!

Ich glaube, daß wir in dem freiesten Gemeinwesen, das jemals auf deutschem Boden existierte, Bekenntnisse von der Stange am allerwenigsten nötig haben. Das Verbrechen, das geschehen ist und in dessen Verurteilung sich alle einig sind, die auf Recht und

Vernunft setzen, darf uns nicht dazu verleiten, einer des anderen Gesinnungspolizist zu werden. Zutrauen erweckend der Staat, der auch in kritischen Situationen nicht wünscht, daß ihm Kritik vorenthalten wird. Ich weiß, die Freiheit ist nicht sehr attraktiv – für die, die sie gedankenlos besitzen. Um so mehr, scheint mir, ist es uns aufgegeben, uns ihrer Reichweite fortwährend zu versichern. Jedenfalls, ich zweifle nicht, daß Sie, gewohnt, aus professionellen Gründen Ihre Hand auf Wunden Ihrer Wahl zu legen, ausnahmsweise mit einer Gegenfrage einverstanden sind.

Mit besten Grüßen
Siegfried Lenz

Jürgen Manthey

Brief, ein älteres republikanisches Bewußtsein betreffend

Lieber Burkhard,

komisch, Du bist gegen die Gebietsreformen, weil sie «historische Beziehungen und Bezeichnungen» willkürlich beseitigen; Dich stören die «Kaffee-Shops», «Reiter-Shops», «Back-Shops» (für Bäckerei!) in unserer Stadt, weil sie eine Tradition leugnen, die nichts verbrochen hat. Aber vorige Woche, als Du gefragt wurdest, ob Du an einem Roman-Seminar über das 19. Jahrhundert teilnehmen wolltest, da hast Du Dich dann doch zu einer Wegwerf-Einstellung bekannt: «Was soll ich mit Goethe, Keller oder Fontane – Leibeigene einer abgeschafften Fron. Sympathisanten Seiner jeweiligen Durchlaucht. Oder schlimmer: des gerade amtierenden Landrats. Müssen wir uns denn auf *allen* Wegen an den Untertanen- und Polizeistaat ranschleichen?»

Im anschließenden Gespräch in der Cafeteria sagtest Du, Du würdest nie verstehen, wie Leute, die sich einmal kritisch, ja sogar kühn und mitreißend über das Bestehende hinausweisend ausgesprochen hätten, eines Tages «eingeschwenkt» seien.

«Was heißt . . .» Aber Du warst in Fahrt, erzähltest, schon auf der Schule habest Du, als Goethes ‹*Faust*› behandelt wurde, Byrons ‹*Don Juan*› offen auf die Bank gelegt. Das Exemplar habest Du Dir von Eurem Englischlehrer geliehen, denn natürlich gab es das nicht in der Schulbibliothek. Sogar englische Vokabeln habest Du fleißig gebüffelt, um Byron lesen zu können.

Anstatt zu fragen:

«Warum denn ausgerechnet Byron?» sagte ich: «Genau das hat Goethe Eckermann auch empfohlen. Englisch zu lernen, um Byron lesen zu können.» – Goethe?

Die Beharrlichkeit, mit der Goethe in seinem letzten Lebensjahrzehnt auf Byron zu sprechen kommt, steht in unmittelbarem Zusammenhang mit dem, was Du «einschwenken» nennst. Selbst

Eckermann muß es eines Tages aufgefallen sein: «Goethe schien über Byron unerschöpflich.»

Allerdings, redete da doch einer, wenn er von dem genialischen Lord sprach, von sich. Wenn auch gleichsam in Spiegelschrift:

«Es war ihm überall zu enge, und bei der grenzenlosen persönlichen Freiheit fühlt er sich beklommen; die Welt war ein Gefängnis. Sein Gehen nach Griechenland war kein freiwilliger Entschluß, sein Mißverhältnis mit der Welt trieb ihn dazu.»

Wie Goethe das doch alles kannte. War er nicht oft genug ausgebrochen aus dem Gefängnis Weimar. Hatte er sich nicht beklommen gefühlt, seit er in des Herzogs Dienst stand. Goethes Byron-Reflexionen also ein Kommentar zur eigenen, jahrzehntelangen Sublimierungsarbeit? Der Tenor der Kritik ist: Byrons «Verderben» sei es gewesen, daß er sich nicht habe «begrenzen» können. Alles wird dabei aufgeführt, was die englische bürgerliche Philosophie und Literatur als erste an Abgrenzungsbegriffen und -metaphern hatte stereotyp werden lassen. Da ist die Abgrenzung nach unten, zum sogenannten Naturzustand, aus dem die Leidenschaften stammen, die – es ist dies der Schritt von Rousseau zu Robespierre – zum politischen Verhängnis werden:

«Er (Byron) lebt eigentlich immer im Naturzustande, und bei seiner Art zu sein, mußte ihm täglich das Bedürfnis der Notwehr vorschweben. Deswegen sein ewiges Pistolenschießen. Er mußte jeden Augenblick erwarten, herausgefordert zu werden.»

Vorher schon war die Abgrenzung nach oben erfolgt, gegenüber dem Adel:

«Der hohe Stand als englischer Peer war Byron sehr nachteilig; denn jedes Talent ist durch die Außenwelt geniert, geschweige eins bei so hoher Geburt und so großem Vermögen. Ein gewisser mittler Zustand ist dem Talent bei weitem zuträglicher; weshalb wir denn auch alle großen Künstler und Poeten in den mittleren Ständen finden.»

Soweit der Olympier als Sprecher des bürgerlichen Mittelstandes. Doch dann erinnert Eckermann Goethe daran, daß er ja Byron, allem Vorbehalt zum Trotz, im ‹*Faust II*› ein Denkmal errichtet habe. Goethe erwidert:

«Ich konnte als Repräsentanten der neuesten poetischen Zeit niemand gebrauchen als ihn, *der ohne Frage als das größte Talent des Jahrhunderts anzusehen ist* . . . [kursiv von mir] Eine Abhandlung über Byron zu schreiben, ist nicht bequem und rätlich, aber gelegentlich ihn zu ehren und auf ihn im einzelnen hinzuweisen, werde ich auch in der Folge nicht unterlassen.»

Ich tue einmal so, als seien das so die Alternativen in einem Schriftstellerleben (sie sind es nicht) und resümiere: Goethe suchte es so einzurichten, daß er nicht wie Byron mit 37 Jahren am Sumpffieber für eine gute Sache starb. Das heißt, in der kompromittierenden Stellung als Minister eines Provinzabsolutisten wurde er zu einer Art Brechtschem Galilei des bürgerlichen Tugendgesetzes (indem er wie jener die theoretischen Kopernikusse vor ihm – ästhetisch – empirisierte). Ergibt sich die bekannte Frage, die man nur noch im Tonfall eines pensionierten Lukácsianers stellen kann: Wovon hatte seine Klasse in der Folge mehr: Von Forster, der sich für dieses Gesetz im revolutionären Paris zum Opfer brachte, von Goethe, der, lebend, ihm in seiner Kunst universalistische Dimension gab? So umfassend sind die Grundlagen der Kunst durch ihn vorübergehend geworden, daß er selbst noch Byron, von dem ihn politische Vernunft und nicht persönlicher Opportunismus trennten, zuletzt wieder hineinnehmen kann in den Entwurf einer auf Toleranz und Weitblick gerichteten Menschheitsverfassung (denn nichts weniger war Kunst für Goethe).

Da wir es in Zukunft zunehmend mit Gesellschaften zu tun haben werden, in denen der Fortfall des äußeren Zwangs durch eine angeborene Leibrente und ein gutes Gewissen eher die Ausnahme sind, müßte uns das Überlebensmodell à la Goethe eigentlich mehr beschäftigen als der Fall Byron – der übrigens seinerseits einen Nachtrag nötig hat.

Shelley, den seine Zeit als jemanden verstand, der Byron gleichgesinnt war, hat den Gefährten gemeinsamer Exiljahre dargestellt als Wahnsinnigen (in ‹*Julian und Maddalo*›). Freunde haben die Memoiren des Verstorbenen verbrannt, weil sie um das postume Ansehen des Dichters fürchteten. Eine unzensierte Ausgabe seiner Briefe konnte erst in der Mitte unseres Jahrhunderts erscheinen. *Wir* sollten uns Byron vorstellen als einen romantischen Marquis de Sade mit den Motiven eines Regis Debray, der über die Mittel, die Ranküne und die Allüren eines d'Annunzio verfügte. Mit 500 von ihm bezahlten Freiwilligen eilte er 1823 den Griechen in ihrem Unabhängigkeitskrieg gegen die Türken zu Hilfe (nachdem er ein paar Jahre vorher noch erwogen hatte, in türkische Dienste zu treten, wegen der guten Manieren der Türken!). Jetzt heißt es für ihn:

«Bei dem derzeitigen Widerstand zwischen Philosophie und Tyrannei, ist es angesichts dieser Zustände und Kerle nötig, das Schwert aus der Scheide zu ziehen.»

Augenzeugen berichteten von der «zeremoniösen Pracht» seiner Auftritte am Schauplatz der Kämpfe. Doch Byrons letzter Brief enthält auch eine Mitteilung wie diese:

«Ich habe die Freilassung von 29 türkischen Gefangenen, Männer, Frauen und Kindern durchgesetzt und sie auf meine Kosten nach Hause zu ihren Freunden geschickt.»

Sind das Äußerungen eines Wahnsinnigen, die Regungen eines Fanatikers? Vorher, schon auf dem Weg in den Krieg (und in den Tod) war ihm vor allem wichtig gewesen, Stendhal brieflich um die Korrektur einer Essaystelle über Walter Scott zu bitten:

«Sie sagen, ‹sein Charakter lade wenig zur Begeisterung ein› . . . Ich habe Walter Scott lange und gut gekannt, gelegentlich in Situationen, in denen sich der *wirkliche* Charakter zeigen muß – und ich kann Ihnen versichern, daß sein Charakter bewundernswürdig *ist* –, daß er von allen Männern der *offenherzigste*, der *ehrenhafteste* und der *liebenswerteste* ist. Mit seinen politischen Ansichten habe ich nichts zu tun; sie unterscheiden sich von meinen, was es schwierig macht, über sie zu sprechen. Aber er ist in ihnen völlig aufrichtig.»

Toleranz und Weitblick – waren das einmal Errungenschaften der öffentlichen Kultur eines Zeitalters und nicht des persönlichen Charakters?

(Rettete Goethe etwa bloß, was da war und mit dem Ancien régime zu verschwinden drohte, in den bürgerlichen Kanon? Ist *das* sein Verdienst, die Privatisierung der öffentlichen Tugend? Etwa so, daß der bürgerliche Held im ‹*Wilhelm Meister*› aristokratische Tugenden konservierte, während Jean Pauls aristokratische Helden bürgerliche Tugenden transportierten – und mit ihnen für immer aus dem Gesichtsfeld der Geschichte gerieten?)

Als Byron 1824 in Griechenland am Sumpffieber gestorben war, konnte Heine behaupten, jener sei der einzige Mensch gewesen, mit dem er sich verwandt gefühlt habe – während sein (späterer) Gegenspieler Börne sich aus dem Gedanken an Byron anrüchige Reichtümer eine verbiesterte Genugtuung über die eigene anständige Armut herleitete. Heine *und* Börne sind im Exil gestorben. Sie sind also nicht «eingeschwenkt» – wie die von Dir erwähnten Keller und Fontane.

Eine Stelle in Kellers Erzählung ‹*Frau Regel Amrains und ihr Jüngster*› macht mir zu schaffen. Jener Jüngste ist nämlich gelegentlich Schüben seines Gerechtigkeitsgefühls ausgesetzt. Dann zieht er mit Gleichaltrigen bewaffnet in die Nachbarschaft, wo die Freunde, eine Nacht lang, gewaltsam auf die Politik eines anderen Kantons einwirken. Der Erzähler kommentiert die Sache so:

«Da nun das Gesetzliche und das Leidenschaftliche, das Vertragsmäßige und das ursprünglich Naturwüchsige, der Bestand und das Revolutionäre zusammen erst das Leben ausmachen und es vorwärts bringen, so war hiegegen nichts zu sagen als: seht euch vor, was ihr ausrichtet!»

Bei einem dieser Scharmützel, es hat Tote und Verwundete gegeben, geraten Fritzchen Amrain und seine Freunde in Gefangenschaft. Die Angelegenheit erscheint aber selbst den Überfallenen mehr als der unglückliche Ausgang einer Kirmes denn als ahnungswürdiger Rechtsbruch. Hätte die Mutter zum Beispiel eine bescheidene Auslösungssumme zur Verfügung gestellt, der Sohn wäre gleich wieder frei gewesen. So kehrt er nach vierzehn Tagen zurück, unbestraft, unbeschwert, aber nicht unbelehrt. Einige sind umgekommen, wie gesagt, aber das Ganze scheint als Beitrag zur Erziehung von Mutter Amrains Liebling notwendig. Natürlich ist Erzähler-Kommentar nicht gleich Meinung des Autors, das lernt man in jedem Literaturseminar, aber kommt da nicht doch ein etwas grober Begriff von Toleranz, eine uns schwer verständliche Art von Weitblick zum Vorschein – noch dazu von seiten einer Obrigkeit?

Die Geschichte spielt in der Schweiz. Sie geht auf eine Episode in Kellers eigener politischer Laufbahn zurück. 1845 hatte der 26jährige an bewaffneten Freischarzügen teilgenommen, mit denen die Liberalen in Zürich und in anderen Kantonen Gleichgesinnten in Luzern zu Hilfe kamen. Dort hatte ein katholisch-reaktionärer Großer Rat die Regierung übernommen. Keller hat bei diesen Gelegenheiten nicht einen einzigen Schuß abgegeben. Aber offensichtlich entsprach die Einstellung zur politischen Gewalt, die die Geschichte von Fritz Amrain wiedergibt, damaliger Realität. Überliefert ist nämlich, daß – immerhin – ein Vernehmungsrichter, der später sogar Bundespräsident der Schweiz geworden ist, dem martialisch aufgerüsteten Haufen begegnet. Er erkennt den jungen Keller und ruft ihm «lachend» – der Chronist schreibt lachend – zu: «Gottfried, du hast ja einen hölzernen

Feuerstein.» Das ist alles. Er amüsiert sich, daß Keller auf seinem Kriegszug das Sperrhölzchen vom Gewehrschloß zu entfernen vergessen hat,

Toleranz, Weitblick.

Mit solchem Klima hängt sicherlich zusammen, daß Keller zwei Jahre später, 1847, in sein Tagebuch schreibt:

«Inzwischen erfüllt mich das Benehmen unserer Regierungsmänner . . . mit der größten Achtung. Ich bin ganz im geheimen diesen Männern viel Dank schuldig. Aus einem vagen Revolutionär und Freischärler à tout prix habe ich mich an ihnen zu einem bewußten und besonnenen Menschen herangebildet, der das Heil schöner und marmorfester Form auch in politischen Dingen zu ehren weiß und Klarheit mit der Energie, möglichste Milde und Geduld, die den Moment abwartet, mit Mut und Feuer verbunden wissen will. Daß Begeisterung und die frische Tatkraft, eine einmal erkannte Fessel zu brechen, oder mit anderen Worten, der Sinn für die rechte und notwendige Revolution darüber nicht verlorengehen, bin ich versichert. Übrigens wird die Revolution von Tage zu Tage unzuverlässiger und überflüssiger in einer Zeit, wo das lebendige Wort sich fast überall Bahn zu brechen weiß, besonders aber bei uns, wo die Gerechtigkeit immer eklatanter nach jeder Verfinsterung auf dem gesetzlichen Wege sieht. Ja, wir werden bald alle Revolutionen verdammen und verfolgen müssen, weil sie, da bald überall gesetzliche Anfänge der Freiheit gegründet sind, das Erbe des Absolutismus wird.»

Keller sind dabei Männer vor Augen gewesen wie der Zürcher Bürgermeister Furrer, der die zehntausend Gulden, die er als Rechtsanwalt im Jahr verdiente, aufgab und mit tausend Gulden, *ohne Pensionsanspruch und Beihilfezusage*, im öffentlichen Dienst vorliebnahm, obwohl er damit seine Familie kaum ernähren kann.

Republikanische Tugend nennt es Keller, Herr Friedrichs.

Das war in der Schweiz. In Deutschland führte sich um die Zeit der gleichaltrige Fontane noch als Revolutionär auf. Er hat ein halbes Jahrhundert später die Berliner Märzereignisse des Jahres 1848 beschrieben: in der Autobiographie *‹Zwischen Zwanzig und Dreißig›*, die in den letzten Lebensjahren des Schriftstellers entstand. Es ist erst einmal ein unschlagbar kritischer Kommentar zur Frage der Verläßlichkeit des Augenscheinlichen. Vierzig Jahre, schreibt Fontane, habe sein Bild von der März-Revolution sich auf das gestützt, was er selbst gesehen hatte. Dann genügte der Bericht eines anderen Teilnehmers, um ihn zu überzeugen, daß er nichts gesehen hatte. Wie ist das zu erklären? Ich meine, es hängt mit dem Resultat einer Selbstbeobachtung Fontanes zusammen.

Fontanes Beitrag zur Revolution von 1848 bestand in dem Versuch, in eine Kirche einzudringen, um Sturm zu läuten. Der Versuch scheiterte daran, daß die Kirche verschlossen war – «protestantische Kirchen sind immer zu». Darauf schloß er sich einer Volksmenge an, die die Requisitenkammer des Königstädter Theaters nach Waffen durchsuchte. Auch er ergatterte eine verrostete Flinte, und begann sie sofort mit Pulver zu stopfen. Doch da sagte einer im Vorbeigehen zu ihm: «Na, hören Sie mal . . .», und aus ist es mit der Begeisterung. Er erkennt auf der Stelle, wie lächerlich sein Verhalten ist. Und fortan, in der Erinnerung sogar vierzig Jahre lang, fällt sein Blick nur noch auf Bürger in seiner Nähe, deren Verhalten lächerlich ist. Bis er 1891 in den gerade erschienenen Denkwürdigkeiten des Generals Leopold von Gerlach den Satz liest:

«(General) Prittwitz habe auch erklärt, die Sache nicht länger halten zu können.»

All die *wirklich lächerlichen* Bürger haben also eine rigide Militärmacht wie die preußische um ein Haar zum Wanken gebracht. Der alte Fontane, der konservative Fontane, der «das alte Preußen durch mehr als vierzig Jahre verherrlicht» hat, wie er anläßlich seines siebzigsten Geburtstags selbst feststellt, der skeptische Fontane, der von sich als Theaterkritiker gesagt hat, er hätte jedesmal auch das Gegenteil schreiben können (eine sehr moderne Kritikerehrlichkeit!), *er* hat auf einmal eine absolute Wahrheit entdeckt. Er spricht von einer «Bekehrung»:

«Diese wenigen Sätze machten einen großen Eindruck auf mich und haben mich, erst auf den speziellen Fall, dann *aufs Ganze* hin umgestimmt, will sagen in meiner Gesamtanschauung über Kämpfe zwischen Volk und Truppen . . .: Sie müssen – vorausgesetzt, daß ein großes und allgemeines Fühlen in dem Aufstande zum Ausdruck kommt – jedesmal mit dem Sieg der Revolution enden, weil ein aufständisches Volk, und wenn es nichts hat als seine nackten Hände, schließlich doch notwendig stärker ist als die wehrhafteste geordnete Macht . . . Auflehnungen, ich muß es wiederholen, die mehr sind als ein Putsch, mehr als ein frech vom

Zaun gebrochenes Spiel, tragen die Gewähr des Sieges in sich, wenn nicht heute, so morgen.»

Ob dieser eher vitalistische Revolutionsbegriff richtig ist, tut hier nichts zur Sache. Den Kapiteln mit den Revolutionserinnerungen hatte Fontane noch vorausgeschickt:

«Eine Regierung hat nicht das Bessere bzw. das Beste zum Ausdruck zu bringen, sondern einzig und allein das, was die Besseren und Besten des Volkes zum Ausdruck gebracht zu sehen wünschen. Diesem Wunsche hat sie nachzugeben, auch wenn sich darin ein Irrtum birgt ... Die Schwäche der preußischen Regierung vom Schluß der Befreiungskriege bis zum Ausbruch des schleswig-holsteinischen Krieges bestand in dem beständigen Sichauflehnen gegen diesen einfachen Satz, dessen unumstößliche Wahrheit man nicht begreifen wollte.»

Altersmut, Goethescher Weitblick? Sein eigener Beitrag zur Revolution, die ja nur beinahe eine war, erscheint ihm deswegen nicht etwa weniger lächerlich. Im Gegenteil.

Fontanes letzter, zu seinen Lebzeiten nicht mehr veröffentlichter Roman ‹*Mathilde Möhring*› schickt den einzelnen, der sein Lehrgeld in den Institutionen des neuen Ancien régime losgeworden ist, auf einen anderen Weg. Es ist der, den Mathilde Möhring zuletzt täglich als Lehrerin in den Berliner Norden zurücklegt. Zu Fuß. Das hat etwas von Goethes «mittlerem Zustand». Es gibt keinen anderen. Alle übrigen Wege und Zustände führen heute nach Saló – in das pompöse, waffenstarrende, kissengefüllte Schneckenhaus des Faschisten d'Annunzio am Gardasee. (Besichtigung von 10 bis 12 und 14 bis 17 Uhr.)

Wir sehen uns wieder. Hoffentlich im Seminar.

Grüße ...
P.S.

Macht unsre Bücher billiger! . . .

Alexander und Margarete Mitscherlich

Ihr endet bei der destruktiven Gleichgültigkeit

Brief an einen (fiktiven) Sohn

Lieber Sohn,

ich schreibe Dir, weil mich unser gestriges Gespräch sehr nachdenklich gestimmt hat und ich glaube, daß es noch einiges zu klären gibt. Zuerst war ich, wie Du weißt, zornig und erschreckt. Du sagtest mir, ich sei derjenige gewesen, der Dich darauf aufmerksam gemacht habe, in welchem Ausmaß viele unserer Landsleute bis heute unwillig seien, sich von alten Ideologien, Haltungen, Denkweisen zu lösen, die den Nationalsozialismus bestimmt oder doch zu ihm geführt hätten. Im Grunde, so hätte ich Dir gesagt, wollten sie sich nicht damit auseinandersetzen, was sie selber oder deutsche Traditionen, an denen sie sich ausrichteten, zu der Katastrophe Hitlers und den Unmenschlichkeiten des Dritten Reiches beigetragen haben. Nach wie vor klaffen Wirklichkeit und Ideale eines freiheitlich demokratischen Staates weit auseinander. Gedankenfreiheit, das heißt auch die Freiheit zur Kritik und zu einem von der Allgemeinheit abweichenden Denken werde nur widerwillig geduldet und, wenn irgend möglich, alsbald mit Sanktionen belegt. Nun aber, wo Ihr Jungen Euch gegen die doppelte Moral und die Verlogenheit einer pseudodemokratischen Gesellschaft zusammenschließen würdet, um, wenn nötig, mit Gewalt, dagegen zu kämpfen – denn anders sei eine Änderung dieses versteinerten kapitalistisch-faschistischen Staates kaum noch möglich –, nun hätte ich mich empört gegen eine solche Einstellung gewehrt. Ich sei eben doch, wie alle anderen meiner Generation, die Auschwitz ermöglicht hätten, ein Mitläufer, jemand, dem zu einem wirklichen persönlichen Einsatz zur Gerechtigkeit und Menschlichkeit der Mut fehle. Deutschland, so sagtest Du, mein Sohn, sei nach wie vor ein Bollwerk faschistisch-kapitalistischer Mentalität, das die imperialistischen Großmächte bei ihrer Unterdrückung und Ausbeutung der Armen und Entrechteten der Dritten Welt kräftig unterstütze. Von wirklicher Freiheit,

Demokratie und Gerechtigkeit könne auch im eigenen Lande überhaupt keine Rede sein. Die Klassengesellschaft bestehe nach wie vor, und die politische Gesinnung sei steril und reaktionär. Auch ich wisse das, aber ich sei eben zu feige, ernsthaft dagegen etwas zu tun, ich gehörte halt zum Establishment und ließe es mir da wohl sein.

Es ist nicht leicht, lieber Sohn, Dir klarzumachen, wo unsere Differenzen liegen. Zum ersten bin ich der Meinung, daß wir sehr wohl in einem demokratischen Rechtsstaat leben, der seit Jahren – und nicht ohne Erfolg – versucht, die Güter seiner Bürger und des Staates gerechter zu verteilen. Daß es hier noch viel, vielleicht zunehmend viel zu tun gibt und daß vielerorts noch Ungerechtigkeit herrscht, ist unübersehbar. Auch weiß ich, daß bei uns Andersdenkenden gegenüber wenig Toleranz geübt wird, man neigt dazu, anstatt sich in ihre Geschichte und ihr Denken einzufühlen, sie zu verteufeln. Das alles und vieles mehr muß weiterhin einer dauernden kritischen Untersuchung unterworfen werden, so wie wir auch uns rücksichtslos der Selbstkritik aussetzen sollten. Und darum, zum Beispiel, fehlt es bei manchem von Euch, die Ihr Euch zur extremen Linken zählt. Ihr meint, ungehemmt anklagen zu dürfen, seht die Fehler anderer überscharf, aber überseht die eigenen Schwächen. Die emotional geladene Atmosphäre, die unsere Gespräche in letzter Zeit prägen, finde ich bei den meisten Deiner Genossen wieder, sobald man nicht mit ihnen der gleichen Meinung ist. Das ist aber ein untrügliches Zeichen dafür, daß hinter den rational von Euch angegebenen politischen Motiven für Euer Handeln, andere Euch nicht zugängliche Gefühle des Hasses und, wie ich annehme, der Gekränktheit liegen. Vielleicht war es für Euch besonders kränkend, Kinder einer Generation von Deutschen zu sein, die an der Unmenschlichkeit des «Dritten Reiches» direkt oder indirekt beteiligt waren und über viele Jahre dafür von der Welt verabscheut wurden, quasi als unberührbar galten. Ihr wart ja ein Teil Eurer Eltern. Von deren Welt hängt bekanntlich das eigene Selbstwertgefühl in hohem Maße ab. Ihr wollt also anders sein als sie und kämpfen, wo Ihr glaubt, Ungerechtigkeit und fehlende Menschlichkeit wahrzunehmen.

Alles schön und gut, mein lieber Sohn, nur, Ihr verzerrt die Wirklichkeit in hohem Maße auf Grund Eurer unbewußten, ich möchte mich erdreisten zu sagen, neurotischen Gefühlssituation. Wir leben nicht in einer Diktatur, wir haben es um uns herum nur mit manchen, nicht mit totalen Ungerechtigkeiten und Unvollkommenheiten zu tun, wir stehen vielfältigen Krisen gegenüber, die es noch besser zu begreifen und hoffentlich langsam zu lösen gilt. Aber wir leben nicht in einem Staat und in einer zwischenmenschlichen Situation, in der Gewalt das adäquate Mittel zu dessen Änderung ist, wie das zum Beispiel im «Dritten Reich» der Fall war. Die Attentatsversuche auf Hitler, Heydrich etc. blieben leider meist erfolglos oder wurden entsetzlich gerächt. Dennoch waren sie in der damaligen Situation die einzigen ihr entsprechenden Handlungen, stellten die einzige Möglichkeit dar, um sich von den Massenmördern zu befreien. Deutschland 1977 befindet sich nun aber, mein Sohn, wahrlich in einer anderen Situation. Wenn hier Gewalt angewendet wird, ist das nicht nur ein absurd inadäquates Mittel zur Lösung unserer gegenwärtigen Krisen, es bringt Dich und Deine Gesinnungsfreunde auch in die Lage, in schlimmer Weise zur Unmenschlichkeit beizutragen. Wenn es so weit gekommen ist, daß es manchem von Euch gleichgültig zu sein scheint, wie viele Menschenleben er auf dem Gewissen hat, endet Ihr dort, von wo Ihr Euch ursprünglich entfernen wolltet: bei der destruktiven Gleichgültigkeit und Verachtung Euren Mitmenschen gegenüber. Das ist es, was mich entsetzt und tief unglücklich macht, daß aus dem Motiv, anderen helfen zu wollen, so schnell erneut Unmenschlichkeit und Zynismus entstehen kann. Nicht nur schätzt Ihr die gegenwärtige Situation falsch ein, Ihr vergeßt auch, daß das Ziel so gut wie nie die Mittel rechtfertigt, sondern daß auch richtige Ziele durch falsche Mittel korrumpiert werden.

Ich habe, lieber Sohn, die Hoffnung aufgegeben, daß Du mir noch zuzuhören bereit bist. Aber da ich Dich liebe, wollte und will ich keinen Versuch unterlassen, weiterhin im Gespräch zu bleiben. Ich bin der letzte, der leugnen wird, daß auch er manches in seinem Leben falsch gemacht hat und oft genug zu feige war, wo es galt, unter Gefahr für das eigene Leben sich für andere einzusetzen. Auch habe ich mich gern Selbsttäuschungen und Selbstidealisierungen hingegeben. Das sollst Du wissen und damit rechnen können, daß ich weiterhin bereit bin, Deine Kritik anzunehmen, wo sie mir gerechtfertigt erscheint. Ich meine allerdings, auch Du solltest zur Selbstkritik fähig bleiben. Denn nur, wenn Du Dich von der allzu großen Abhängigkeit von der Meinung Deiner Gesinnungsgenossen zu lösen versuchst, wirst Du der wahnhaften

Verzerrung von Vergangenheit und Gegenwart entrinnen können und nicht gänzlich dem Sog einer aus falscher Menschlichkeit entstandenen bedenkenlosen Destruktion verfallen.

Ich umarme Dich
Dein Vater

Oskar Negt

Sozialistische Politik und Terrorismus

Lieber Freimut Duve, lieber Heinrich Böll, lieber Klaus Staeck,

ich danke Ihnen sehr herzlich für die Einladung, an einem von Ihnen herausgegebenen Briefband zur gegenwärtigen Situation der Bundesrepublik mitzuarbeiten. So sehr ich auch Ihr Unternehmen begrüße und davon einen kleinen Beitrag zur Bereinigung der vergifteten politischen Atmosphäre in unserem Lande erhoffe, so schwer fällt es mir zur Zeit doch, mich in einem kurzen Brief, der in der Regel schwieriger als ein langer Brief ist, zu aktuellen Problemen zu äußern. Terminverpflichtungen, mit denen wir ja alle eingedeckt sind, stehen dazwischen. Das ist aber, offen gestanden, nicht der einzige Grund, warum ich diesen Brief nicht schreiben kann. Ich habe 1972 auf dem Angela-Davis-Kongreß in Frankfurt und anschließend in einem *Spiegel*-Interview meine Auffassungen über «Sozialistische Politik und Terrorismus» unmißverständlich dargelegt. Ich habe diesen Text 1976 in meinem im Suhrkamp-Verlag erschienenen Buch: *‹Keine Demokratie ohne Sozialismus›* unverändert abdrucken lassen. In dem einen oder anderen Punkt mögen, weil sich die Situation seit 1972 wesentlich verschärft hat, Korrekturen notwendig sein; für wesentliche Veränderungen dieser Rede sehe ich keinen Grund. Wenn Sie es für sinnvoll halten, die ganze Rede oder auch Auszüge daraus (was natürlich, wie wir alle wissen, nicht ganz problemlos ist) in Ihren Band aufzunehmen, so habe ich selbstverständlich nichts dagegen. Eine Kopie dieser Rede lege ich diesem Brief bei.

Mit herzlichen Grüßen
Ihr Oskar Negt

Sozialistische Politik und Terrorismus

Auszüge einer Rede in Frankfurt 1970

1972

... Das politische Bewußtsein der ersten Generation, die vom Krieg nicht unmittelbar betroffen war, entzündete sich am Krieg, an der Gewaltpraxis der alten und neuen Kolonialherren, die mit Blut und Feuer ihre Herrschaft aufrechterhielten. In den großen Protestdemonstrationen, die Jugendliche und Studenten gegen Tschombe und den Schah von Persien veranstalteten, zogen mitunter noch Politiker mit, die allerdings sehr bald die gesicherte Karriere dem Risiko der politischen Kompromißlosigkeit vorzogen.

Die erste zivile und politische Generation auf deutschem Boden, die aus der Katastrophengeschichte der deutschen Jugend der letzten fünfzig Jahre etwas gelernt hatte, die nicht bei jeder Gelegenheit nach dem Henker rief, die den stumpfsinnigen Hurra-Patriotismus überwunden hatte, die, als die Ostpolitik noch das gewagte Abenteuer eines Kreuzzugs gegen den Kommunismus war, für eine konsequente Anerkennung der von Hitler geschaffenen Resultate des Zweiten Weltkrieges eintrat – diese Generation stieß von Anbeginn auf eine Mauer aus Aggressivität, Unverständnis und Harthörigkeit bei allen Parteien, eine Erfahrung, die gerade die sensibelsten der Studenten und der Jugendlichen verstören mußte.

Gerade in dieser Stunde ist es deshalb notwendig, an jenes fast auf den Tag genau fünf Jahre zurückliegende Ereignis zu erinnern, an dem der aufgehetzte Waffensammler in Polizeidiensten, Kurras, Benno Ohnesorg erschoß – und schließlich freigesprochen wurde. Und auch der Anstreicher, der ein Jahr später das Attentat auf Dutschke verübte, ist nur das Opfer der von der Springer-Presse und ihrem Anhang beharrlich betriebenen Hetze gegen Andersdenkende, deren Saat längst noch nicht vollständig aufgegangen ist.

In Deutschland besteht die gefährliche Neigung, grundlegende gesellschaftliche Konflikte durch die Polizei zu lösen. Die Masse der Polizisten steht heute in allen kapitalistischen Ländern an der vordersten Front der Klassenauseinandersetzungen. Sie holen für die, die mit der Aufrechterhaltung dieser gesellschaftlichen Zustände profitable Interessen verbinden, die Kastanien aus dem Feuer. Sie werden schlecht bezahlt; die Planstellenhierarchie ist so, daß für den einfachen Polizisten praktisch nur geringe Chancen des Aufstiegs bestehen, während ein Abiturient, gar kein Akademiker, der «von oben einsteigt», nach relativ kurzer Zeit Offizier und Vorgesetzter wird. Das kann nicht die Sympathien für die Intellektuellen, mit denen sie sich an den Universitäten und Schulen herumschlagen müssen, erhöhen. Das Wort von Rosa Luxemburg, daß Soldaten und Polizisten in Uniform gesteckte Proletarier sind, trifft heute sicherlich nicht mehr in gleicher Weise zu; aber ihre Lebenssituation ist nicht besser als die der Arbeiter. Das einzige Privileg, das sie haben, besteht in der legalen Abreaktion ihrer Aggressionen, die bei ihnen nicht weniger als bei Studenten und anderen Menschen das Produkt von Knebelung und Ausbeutung sind.

Wenn man ihnen heute wieder einzureden versucht, das Gewaltpotential dieser Gesellschaft würde sich wesentlich durch die Zentralisierung der Verbrechensbekämpfung und den Ausbau des Polizeiapparats verringern, so wird sich dies als eine grandiose Täuschung erweisen.

Aber kein einziges Problem wäre dadurch gelöst. Denn der Nährboden von Krankheiten, psychischer Zerrüttung, Aggressionen und Gewalt ist der kapitalistische Betrieb, ist die bürgerliche Restfamilie, die ausgleichen soll, was anderswo entsteht; sind die Schulen, in denen die Kinder in kleine Räume gepfercht sind, so daß sie ihre sozialen Fähigkeiten nicht entfalten können; sind die Universitäten mit ihren überfüllten Hörsälen, in denen vernünftiges Lernen kaum noch möglich ist; man sollte sich hüten, die linken Lehrer und Hochschullehrer aus Schulen und Universitäten zu drängen, sie sind die einzigen, die durch Überstunden, durch Organisierung kleiner Gruppen den ruinierten Betrieb überhaupt noch in Gang halten.

Wir wissen heute, daß kriminelles Verhalten ein gesellschaftliches Produkt ist. Würde man nur einen Teil des Geldes, das für die oft aussichtslose Bekämpfung der Folgen, für Gefängnisse, Irrenanstalten, für Polizei und Privatdetektive ausgegeben wird, zur

Bekämpfung der Ursachen verwenden, dann könnte man mit langfristigen Wirkungen rechnen.

Diese Einschätzung des bestehenden Gewaltpotentials und der Aktionsstrategien der herrschenden Gewalt gegenüber der sozialistischen und kommunistischen Linken darf uns aber nicht den Blick dafür verstellen, unmißverständlich und in aller Öffentlichkeit zu erklären: Es gab und gibt mit den unpolitischen Aktionen, für die die Gruppe um Andreas Baader und Ulrike Meinhof die Verantwortung übernommen hat, nicht die geringste Gemeinsamkeit, die die politische Linke der Bundesrepublik zur Solidarität veranlassen könnte.

... Die Mechanik der Solidarisierung zerstört jede sozialistische Politik. Sie ist das schlechteste Erbteil der Protestbewegung. Die unter Solidarisierungszwang stehende Masse der Politisierten, der Studenten, Schüler, Jungarbeiter, die sich mühsam von ihren Familien, dem disziplinierenden Druck der Betriebe und der Ausbildungsinstitutionen abgesetzt haben, verlieren allmählich die Fähigkeit, selber Erfahrungen zu machen. Ständig im Zugzwang, den Anschluß an die radikalsten Positionen nicht zu verpassen, gewinnen sie ihre labile, außengeleitete Identität aus der bloßen Identifizierung mit den Erfahrungen anderer.

Und was bedeutet hier überhaupt Solidarität? Sie beruht allemal auf Gegenseitigkeit. Ohne ein Minimum an proletarischer Öffentlichkeit, ohne die Möglichkeit der aktiven Beteiligung an der Diskussion über Strategie und Taktik, über geplante Aktionen, verliert Solidarität ihren materiellen Boden; sie wird zu einer Form erpresserischer Solidarität, die auf Trennungsängsten beruht, und diese schlägt mit Sicherheit auf die Akteure zurück. Durch sie wird jeder, der seine eigene politische Existenzweise einem kurzfristigen Abenteuer nicht zu opfern bereit ist, der keine aktive Hilfe leistet, wenn sie ungebeten und oft auch anonym vor der Tür stehen, mit dem Verratsstigma behaftet. Der Versuch, jeden vor vollendete Tatsachen zu stellen, mag nicht in ihrer Absicht liegen; aber eine politische Kritik an der Praxis der Baader-Meinhof-Gruppe, an individuellem Terror, der zur Verschärfung der Klassenkämpfe und zur gewalttätigen Selbstentlarvung des kapitalistischen Systems führen soll, ist auch gar nicht auf der Ebene von guten Absichten und verstehbaren Motivationen möglich. Der Knoten, der mechanisierte Solidarität, Minderwertigkeitskomplexe gegenüber der angeblich großen revolutionären

Politik der «Roten Armee Fraktion», die die Alltagsarbeit der Basisarbeit auf das Niveau blinder Handwerkelei herabdrückt und verzerrte Realitätsauffassung miteinander verknüpft, mit der fatalen Wirkung der Vernebelung der Gehirne zahlreicher einzelner innerhalb der Linken – dieser Knoten kann nur zerhauen, nicht mehr mit behutsamem Verständnis aufgelöst werden.

Die Gleichung von Radikalität und revolutionärer Politik geht nicht auf; wenn Marx sagt, radikal sein bedeute, die Sache an der Wurzel packen, die Wurzel für den Menschen sei aber der Mensch, so kann sich keine sozialistische Politik von der Erfahrungsweise der Menschen, vor allem der arbeitenden Massen, ungestraft ablösen. Eine Gruppe, die diesen Boden verläßt, hat kein objektives Korrektiv mehr für die Überprüfung der politischen Wirksamkeit ihrer Aktionen; sie folgt einer abstrakten Stufenleiter formaler Radikalität; da die Wirkungen sie jedweder Kontrolle entziehen, muß jeder Aktion eine neue, radikalere aufgesetzt werden. Am Ende steht die totale Isolierung, der als Offensivstrategie getarnte Rückzug auf das eigene Überleben, dessen Ausweglosigkeit auch durch das gemeingefährliche Anlegen von Waffenlagern in Hochhäusern und durch das Hin- und Herschleppen von Waffen und Sprengstoff nicht zu verdecken ist. Daß die führenden Köpfe der «RAF» nach den Bombenanschlägen fast mit einem Schlag gefaßt werden konnten, ist weder dem Verrat noch der gewachsenen Organisationsfähigkeit der Polizei zu danken, sondern der Logik ihrer eigenen Strategie. Die Bomben haben die Massen aufgerüttelt, wachsam gemacht – zweifellos; aber nicht gegenüber dem Klassengegner und den existierenden Gewaltverhältnissen, sondern gegenüber den unmittelbaren Urhebern ihrer Angst.

Die mit der Baader-Meinhof-Gruppe im Bewußtsein der Linken entstandenen Probleme stellen sich nicht in erster Linie auf einer moralischen Ebene – obwohl ohne politische Moral revolutionäre Politik undenkbar ist. Der noch heute bei manchem, der kaum eigene politische Erfahrungen gemacht hat, wirksame Komplex von Sentimentalität und Sympathie gegenüber dieser Gruppe, wird sich erst dann auflösen, wenn die eklatante Unangemessenheit von Mitteln und Zielen ihrer Strategie und Taktik sichtbar wird. – Niemand verwechselt ungestraft lateinamerikanische Militärdiktaturen, an deren konkreten Verhältnissen die ursprüngliche Konzeption der Stadtguerilla entwickelt wurde, mit halbwegs funktionierenden demokratisch-parlamentarischen Systemen, die sich im Ernstfall immer noch auf eine relativ stabile Massenloyalität stützen können.

Die «Rote Armee Fraktion» hatte die Absicht, die erste Stadtguerilla auf deutschem Boden aufzubauen, um die Möglichkeit des bewaffneten Widerstands praktisch zu ermitteln. Sie wollte die ihr inkonsequent erscheinende Waffe der Kritik durch die Waffen selber ersetzen; es gibt in ihren Äußerungen keine Hinweise darauf, daß sie in ihrer zweijährigen Untergrundzeit durch Erfahrung auch zu einer Kritik ihrer Waffe gekommen wäre. Die amerikanischen Weathermen, die mit Bomben und Attentaten operierten, gestanden ihren Kampf mit solchen Mitteln als aussichtslos ein, als bei einer der Bombenexplosionen ein Unschuldiger zerrissen wurde.

Die Baader-Meinhof-Gruppe hat sich vor allem und von vornherein auf die bereits Kriminalisierten gestützt, auf die, die nicht mehr anders als kriminell leben konnten. Die Illegalisierung, von der jede revolutionäre Aktivität im Spätkapitalismus bedroht ist, hat sich hier unversehens in ein Mittel der Identitätsfindung verwandelt. Psychologisch ist das verständlich, weil diejenigen, die die Aussichtslosigkeit ihres Kampfes im Untergrund zu ahnen beginnen, aller Rückkehrmöglichkeiten ins bürgerliche Leben beraubt sein sollen.

So schließt sie die Furcht, dem Martyrium der Gefängnisse ausgesetzt zu sein, mehr zusammen als die Hoffnung, durch ihre Aktionen ihre Aktionsbasis zu erweitern. Das ist unter hiesigen Bedingungen keine Perspektive des Befreiungskampfes des Arbeiters und der Politisierung seiner eigenen Erfahrungen von Unterdrückung und Ausbeutung; es ist vielmehr das Problem einer entleerten intellektuellen Lebensweise, die nach sinnvollen Inhalten sucht, die aber gerade dadurch nichts findet, da in ihr absolut nichts von dem enthalten ist, was die spezifische Lebens- und Erfahrungsweise des Proletariers ausmacht. Sein materialistischer Instinkt gebietet ihm Vorsicht gegenüber den revolutionären Versprechungen illegalisierter Gruppen, die ihm nur ungedeckte Wechsel auf die Zukunft ausstellen können.

Die «Rote Armee Fraktion» hatte die Absicht, die kapitalistischen Widersprüche auf die Spitze zu treiben, um sie dem Volk durchsichtig und erkennbar zu machen. Was sie aber bewirkt hat, ist das Gegenteil: sie hat sie verschleiert. Der alten Täuschung, daß die revolutionären Chancen um so größer sind, je stärker der staatliche Repressionsapparat ist, ist auch sie zum Opfer gefallen. Denn revolutionäre Situationen stellen sich durch erhöhte Repression nur dann her, wenn gleichzeitig das politische Herrschaftssystem, das staatliche Gewaltmonopol, im Zerfall begriffen ist. Erst dann suchen die Massen selbsttätig nach neuen politischen Ausdrucksformen ihrer Lebensinteressen.

Wo dieses politische Herrschaftssystem, wie zur Zeit in der Bundesrepublik, relativ intakt und aktionsfähig ist, bewirkt die voluntaristische Strategie der Verschärfung der Klassenkämpfe nur die Einschnürung der Aktionsmöglichkeiten der gesamten Linken.

Jeder politisch ernst zu nehmende Sozialist muß heute begreifen, daß es ohne aktive Unterstützung der Arbeiterklasse keine wirkliche Veränderung in diesem Lande gibt; wir müssen uns mit aller Kraft dagegen wehren, uns die fatale Alternative von Bombenlegen oder Anpassung aufzwingen zu lassen. Die Arbeiterbewegung – und gerade auch die revolutionäre Lenins und Mao Tse-tungs – hat in ihrer Geschichte einen unerbittlichen Kampf gegen den individuellen Terrorismus aus den eigenen Reihen und vor allem gegen jene Gruppen geführt, die sich den Arbeitern als Avantgarden aufzwingen wollten. Lenin hat unermüdlich darauf hingewiesen, daß die Massen ihre Erfahrungen mit den Klasseninstitutionen selber machen müssen; daß sie Selbstbewußtsein und Selbsterziehung nur aus ihren eigenen Kräften gewinnen können.

Auch für diese Gesellschaft gilt, daß ein unter Opfern durchgestandener Streik, Arbeitskämpfe, politische Demonstrationen immer noch mehr an sozialistischem Bewußtsein und Erfahrungserweiterung der Arbeiter und Intellektuellen bewirken als tausend Bomben. Die Klassenkämpfe werden durch sie nicht verschärft, sondern zugunsten des Systems verschleiert, weil es an die Ängste der Menschen appellieren kann.

Hans Erich Nossack

Unser Feind ist immer das Kleinbürgertum

An meinen in Brasilien lebenden Bruder

Mein lieber Bruder,

Deinen Luftpostbrief muß ich wohl ausnahmsweise sofort beantworten. Ich habe keine Ahnung, was Eure brasilianischen Zeitungen über die letzten Terrorakte bei uns berichten, aber Deiner Besorgnis nach sieht es ja so aus, als ob wir hier kurz vor einem mörderischen Umsturz ständen. Das ist übrigens auch die Reaktion der Presse in andern Ländern, und wir hier fragen uns, wie das ein Historiker kürzlich treffend ausdrückte, von welchem Land eigentlich die Rede ist.

Jedenfalls ist Deutschland wieder einmal in das übelste Gerede gekommen, man traut uns alles zu. Wir müssen eben immer noch für Hitler und Auschwitz bezahlen.

Um es gleich richtigzustellen: nicht die paar Morde sind das Ausschlaggebende an unserer Situation. Politische Morde passieren immer und überall und können, nimm es mir nicht übel, auch bei Euch in Brasilien vorkommen. Man nimmt das zur Kenntnis, aber man verurteilt deswegen als Ausländer nicht gleich die ganze Nation. Und vor allem, um auch das gleich richtigzustellen: was bei uns letztlich geschehen ist, hat nicht das allergeringste mit Marxismus zu tun. Niemand läßt sich durch die pseudomarxistische Schminke, die die Terroristen anlegen, täuschen, und jeder Marxist wird die Morde als bourgeoise Stümperei oder als Romantizismus ablehnen. Bei den Tätern handelt es sich um junge Leute aus gutbürgerlichen Häusern, die sich, gelangweilt von ihrem Wohlstandsdasein, in kriminelle Abenteuer stürzen. Als einer, der fünfzig Jahre die politischen Bewegungen unseres Landes mit wachsamen Augen verfolgt hat, möchte ich die jetzigen Terrorakte eher als «faschistisch» bezeichnen. Denn diese selben jungen Leute würden nur zu willig einem «Führer» nachlaufen, der ihnen Befehle erteilt und sie auf die Weise von der Freiheit erlöst. Denn daß zur Freiheit mehr Disziplin gehört, als man einem Durchschnittsmenschen zumuten darf, das wissen wir Intellektuelle ja zufällig.

Nein, was höchst bedenklich stimmt, sind nicht die Morde, so bedauerlich sie sein mögen, sondern ist die Reaktion des Kleinbürgertums und der ihm nach dem Munde redenden Rechtspresse. Da wird nach Todesstrafe, nach FBI und Polizeistaat geschrien und da wird, genau wie wir Älteren das schon um 1930 herum zu hören bekamen, die Schuld an den Morden und dazu noch an der Weltwirtschaftskrise der Duldsamkeit der Sozialisten und ihrer Unfähigkeit zu regieren, zur Last gelegt. In der Tat, die reaktionären Rechtsparteien konnten sich für ihre Wahlpropaganda nichts Besseres wünschen, sie sollten den sogenannten Terroristen dankbar sein.

Hierin sehe ich die nicht zu unterschätzende Gefahr. Und da fragt man nun uns Intellektuelle, was für Vorschläge wir zur Rettung der Demokratie machen könnten. Da fragt man ausgerechnet unsere Generation, die schon einmal in den Jahren 1930 bis 1933 die Demokratie sehr aktiv zu retten versuchte und, da ihr das nicht gelang, nur zu schwer dafür bezahlen mußte. Da fragt man ausgerechnet einen alten Schriftsteller, dessen Tendenz es von jeher war, vor der Computerisierung der Menschheit als der größten überhaupt denkbaren Unmenschlichkeit zu warnen. Einen alten Mann, der trotz der bitteren Erfahrungen der letzten fünfzig Jahre immer noch so optimistisch vom Menschen denkt, daß er gegen jeden Versuch, ihn zu einer reibungslos verbrauchbaren Ameise zu degradieren, revoltieren wird. Unser Feind ist immer das Kleinbürgertum, dies offenbar unsterbliche Element in uns. Das überwintert in schlimmen Zeiten im Keller und kriecht dann allmählich wie Hausschwamm wieder an den Mauern hoch bis zum Dach und zerfrißt jeden ideologischen Überbau. Ja, wie soll man das ändern? Die paar Bücher, die unsereiner geschrieben hat, nützen jedenfalls nichts.

Ich weiß nicht, ob Du, der seit über vierzig Jahren in Brasilien lebst, solche Gedankengänge überhaupt verstehen kannst. Ich wollte nur Deine Fragen beantworten und Dir für Deine Besorgnis danken. Und noch eins: falls es so schlimm kommen sollte, wie es augenblicklich aussieht, auswandern werde ich nicht, dazu bin ich zu alt.

Herzlichst, Dein Bruder

Fritz Sänger

Die Freiheit des waffenlosen Kampfes

Lieber U.,

Ihr kurzer, aber inhaltreicher Brief verlangt schnell eine Antwort. Sie fragen, ob es denn «wirklich eine kriminelle Tat» gewesen sei, was da in Köln, was bei Pontos Ermordung und bei ähnlichen Untaten geschehen ist und ob da nicht doch «Überzeugungstäter» gehandelt hätten. Solche Fragen sind nicht mit nur einigen Zeilen zu beantworten, um die Sie mich bitten.

Sie werden sich erinnern, daß wir uns zum erstenmal in einem Gerichtssaal sahen. Eine Gruppe von Rockern saß vor den Richtern, die sich darum bemühten, das Motiv zu erforschen, aus dem die Jungen einen Mann niedergeschlagen, mit den Füßen betrampelt und schwer verletzt hatten. Es war ein einfacher Arbeiter, den sie krankenhausreif schlugen.

Die Jungen schwiegen. Schließlich sagte einer leise vor sich hin: «Na, bloß so; der gefiel uns nicht.» Warum nicht, wollte der Richter wissen. Es kam keine Antwort mehr.

«Bloß so» – das heißt ohne Grund, ohne Überlegung. Die Terroristen, mit denen sich Ihr Brief beschäftigt, handeln nicht «bloß so»; sie wissen, was sie tun. Sie haben Pläne: Sie wollen zerstören, sie wollen Unruhe erzeugen, Unzufriedenheit mehren, sie wollen, daß die Massen sich erregen, daß sie aufbegehren, daß sie «endlich handeln».

Die Terroristen möchten glauben machen, daß sie selbst Revolutionäre seien. Sie sind aber nur Rebellen. Und auch das ist noch ein zu bedeutender Ausdruck für das, was sie tun. Sie wollen das Chaos herbeiführen. Bis heute weiß niemand, was sie dann anderes wollen als Macht, ihre Macht, ausüben. Sie wollen die ihnen verhaßte Ordnung vernichten, in der Gesetze gelten, in der sie selbst mitdenken und mitverantworten, in der sie Rücksicht nehmen und sich mit anderen Menschen ausgleichen müßten. Sie kennen nur sich selbst. Sie wollen keine Pflicht anerkennen, keine

Verantwortung nehmen und nur mit ihrem Maß die «Freiheit» bestimmen, die dann nicht auch die des Mitmenschen sein kann. Die Masse interessiert sie nur, wenn und soweit sie sich mobilisieren läßt, um den Zustand jener «totalen Freiheit» zu erreichen, in der allein die Starken das Sagen haben und in der der Stärkste führt. Sie wollen die Demokratie zerstören. Sie sind Faschisten!

Von Politik als Ursprung und Leitfaden ihres Handelns ist also nicht zu reden. In Ihrem Brief, lieber U., meinen Sie, es gehe «doch wohl nur um Macht», und Sie ersetzen dieses Wort schnell durch «Gewalt» und meinen, das sei den heute Regierenden anzulasten. Ist das nicht doch für diese kleine Gruppe von Terroristen gültig? Wer von beiden hätte mehr Berechtigung, Macht zu gebrauchen, der, der zu kontrollieren ist und allein das Wort als Waffe gebraucht, oder der, der blindwütig vier Menschen erschießt, vier von vielen, die vor diesen sterben mußten. Im Tun der Terroristen fehlt jeder Sinn für die Kraft der Überzeugungen und ihre Ausbreitung, für die Chance des Gesprächs, der Auseinandersetzung allein durch das Wort.

«Kämpfen» ist auch in Ihrem Brief ein Stichwort. Es scheint, daß für Sie, lieber U., Geduld für Feigheit, Diskussion für Geschwätz steht. Das neueste Modell einer handlichen Schnellfeuerwaffe scheint interessanter zu sein als das überzeugende Argument. Sie wollen offenbar jeden Hinweis auf den kriminellen Charakter mit dem Wort vom «Überzeugungstäter» überwinden.

Ich hätte befürchtet, daß Sie auf dem Irrweg sind, wenn Sie nicht schließlich die Frage gestellt hätten, ob und wo bisher «politischer Terror den Durchbruch zur Freiheit, zur Gerechtigkeit, zum Wohlstand aller Menschen» herbeigeführt und ob ein solcher «Sieg» Bestand gehabt habe. Ich habe Sie zitiert. Mit dieser Frage lassen Sie erkennen, daß Sie einen Weg suchen. Um so lieber schreibe ich Ihnen (und meine, es wäre wahrscheinlich viel Unheil verhütet worden, wenn öfter Gespräche dieser Art geführt würden, geduldig und mit dem Willen zum Verstehen).

Aber zu Ihrer Frage: Ich kenne kein Beispiel dafür, daß aus einer Terroraktion ein bleibender Erfolg entstand. Ich glaube, es gibt kein Beispiel. Vorübergehende Herrschaft blieb wohl stets ein Schrecken.

Aber da Sie in diesem Zusammenhang von «Widerstand» und «politischem Terror» unterschiedslos schreiben, so müssen wir uns verständigen. Denn das sind zwei sehr verschiedene Dinge, und sie sind unvergleichbar. Terror mit der Schußwaffe oder mit dem Dolch, der nicht im Gewande bleibt, ist keine politische Handlung, sondern ein Verbrechen. Es kann aus Motiven und Umständen mehr oder weniger schwer sein, aber es ist keine Politik, kein «Sichkümmern» um die nächsten Dinge für alle. Es bleibt ein schweres Verbrechen.

Politik duldet keine physische Gewalt. Sie kann mit geistiger Gewalt versucht werden, etwa in der Publizistik durch die Lüge, mit der die Öffentlichkeit getäuscht wird, durch Betrug, Verschweigen, Verzerren – aber ein dauernder Erfolg ist auch auf diese Weise nicht zu erreichen, von Revolver und Schnellfeuergewehr noch weniger.

Wir in Deutschland müßten eigentlich alle besonders genau wissen, daß Terror jeder Art nur Vernichtung bringt. Wir hatten in zwölf Jahren einen totalen Terror mit tausendfachen Morden auszuhalten. Führte er zu Wohlstand, zu Frieden, zu Freiheit für den einzelnen und für das Ganze? Diese Methode des politischen Nationalismus hat Deutschland zerstört. Sie hat auf den Schlachtfeldern, in den Konzentrations- und Arbeitslagern und in ungezählten Einzelaktionen unter Soldaten und Nichtkämpfern, Männern, Frauen und Kindern Millionen Tote gefordert. Sie hat die Nation zerrissen, Not und Trauer über alle Kontinente ausgebreitet. Dem, der diesen terroristischen Radikalismus entfachte, der ihn förderte und in bis dahin unbekannter Perfektion verwirklichte, diesem Ungeheuer in der Gestalt eines Menschen hätte doch wohl das Teufelswerk gelingen müssen, wenn es je durch Verbrechen gelingen kann. Er und seine fanatischen Helfer schufen nur mehr Elend, mehr Unrecht und die schlimme Gewißheit, daß die Mächtigen auch noch das Chaos ausbeuten und überleben können.

Aus welchen Ursprüngen auch immer der Terror entsteht, in der Geschichte der Völker dieser Erde hat er nie und nirgendwo ein besseres Dasein für die gebracht, die es ersehnen und suchen, für die, wer lebt, auch wirken sollte. Gewalt ist keine Hilfe, bringt keinen Nutzen, sie verschüttet aber den Weg zur Besserung der Verhältnisse. Ungeduld, die Mühe und Beharrlichkeit für den Aufstieg unerträglich findet, die nur Mangel an Kraft bestätigt, ist ein Hindernis für jedes nötige, unentbehrliche Tun, ist eine Flucht aus der Solidarität. Alle Menschen aber sind einander verpflichtet, alle, zuerst die, die erkannt haben wollen, wie dringend nötig endlich eine wirksame Wandlung, ein entschiedenes Tun sind. Es gibt auch eine Feigheit, die sich Revolution nennt und die doch nur sinnloses Blutvergießen ist, dem keine Wirkung, kein Gewinn folgt. Terroristen machen keine Revolution, sie unternehmen Raubzüge.

Was nach dem Zweiten Weltkrieg in Deutschland zum zweitenmal versucht wird, die Masse der in diesem Lande lebenden Menschen zu mitdenkenden Bürgern, zu Staatsbürgern, zu bilden, ist die weitaus schwerere Arbeit als etwa die, eine Truppe von Terroristen aufzustellen, Waffen zu schmuggeln und Überfälle vorzubereiten. Die einfachen Menschen in Stadt und Land wollen ihr bißchen Habe bewahren. Sie fürchten den Terror und seine Folgen und bringen denen Haß, aber kein Verständnis oder gar Sympathie entgegen, die ihn über das Land ausbreiten. Mit jedem Terrorakt wächst die Zahl der Gegner jener, die in dem Irrglauben leben, sie könnten die Zustimmung der Menschen finden. «Jüngelchen aus den feinen Familien» nannte gestern einer die Terroristen, «Nichtstuer, die nur den Rausch und die Mädchen wollen» ein anderer. Es waren Menschen, die von den Terroristen als ihre heimlichen Helfer beansprucht werden. Die Terroristen finden keinen Glauben, keine Sympathie, wohl aber von Untat zu Untat entschiedenere Feinde. Diese Erregung kommt ihnen gelegen, denn sie wollen den Bürgerkrieg. Ich glaube dem Mann, den ich vor ein paar Tagen nach Lurup mitnahm, wo er wohnte: «Junge, Junge, wenn ich einen von denen zu fassen kriege . . .!» – ich glaube ihm und auch, daß er etwas tun würde, was gerade nicht getan werden darf. Der Staat und seine Organe haben die Möglichkeit und die Pflicht, dem Recht und dem Gesetz Geltung zu bewahren.

Nein, lieber U., Gewalt ist kein Mittel der Politik. Gewalt zerstört, Politik soll aufbauen. Wer, wie meine Generation, die Entwicklung in Deutschland in der ersten Republik erlebt und verfolgt hat, der spürt mit allen Sinnen die reaktionären, sich abermals revolutionär nennenden Kräfte wieder am Werke, die ihren Aufmarsch begannen, der zur Vernichtung Deutschlands führte. Auch damals wurde geschossen, bevor es Krieg gab.

Wir leben in einem Staat, der die Freiheit des waffenlosen Kampfes garantiert, der seinen Bürgern ihr Grundrecht schützt, miteinander zu streiten und schließlich frei zu bestimmen, welcher Weg zum Ziel sozialer Gerechtigkeit und individueller verantwortlicher Freiheit führen soll. Wir haben nur die Chancen zu nutzen, die sich bieten – alle Chancen; und alle Bürger haben diese Pflicht. Wir dürfen es uns nicht gefallen lassen, daß blinde Wüter denen die Bahn frei machen, die dann wieder ihre willigen Wegbereiter zu Werkzeugen ihrer Machtgelüste und ihrer Führungsakrobatik machen würden – wie einst. In dem Ringen gegen die Nazis hieß das 1932/33: «Nur die allerdümmsten Kälber wählen ihre Metzger selber.» Die Terroristen denken, sie seien die Treibenden – und sind doch nur die Sklaven derer, denen sie zu vollkommener Herrschaft verhelfen.

Wer dem Terror, wer der Gewalt Hilfe gibt, ist ein Helfer zur Rückkehr in die Diktatur, in den Staat der Gestapo, in die Politik des Betrugs und der Lüge, in die Zeit, in der selbst individueller Mord staatlich geduldet wurde. Niemand in Deutschland kann das noch einmal wollen. Jeder besinne sich auf das ewig gültige Gesetz von Ursache und Wirkung.

Deshalb, lieber U.: Immer ein entschiedenes Nein zu jeder Art von Gewalt und immer ein klares, entschiedenes und unumstößliches Ja aber zur Freiheit der Meinung, zur Freiheit des Wortes, das in Rede, Schrift, Zeichnung oder Bild die Freiheit verwirklicht oder verteidigt!

Sie wollten meine Meinung «ungeschminkt» wissen. Dies ist sie. Wo sie Ihnen zu hart, zu kraß erscheint, bedenken Sie: Ein Schuß vernichtet Leben, ein Wort aber kann das nächste wecken, ein Ja oder ein Nein oder – und das wäre auch ein Schritt nach vorn – ein: «Ich will verstehen.»

Ich hoffe, ich höre oder lese bald wieder von Ihnen.

Freundliche Grüße
Ihr Fritz Sänger

Richard Schmid

Die Freude war durchaus nicht klammheimlich

Sehr geehrter Herr Reichsfinanzminister Matthias Erzberger!

Zwar sind Sie nicht das einzige, nicht das erste und nicht das letzte Mordopfer bei dem ersten Versuch, aus Deutschland eine Demokratie und eine Republik zu machen. Aber Ihr Fall ist aus mehreren Gründen exemplarisch; und auch aufschlußreich für die Welle von Terrorakten, die heute den zweiten Versuch, die Bundesrepublik Deutschland, erschüttern. Allerdings hat man damals, zu Ihrer Zeit, als die Mörder alle von rechts kamen, nicht von Terror gesprochen.

Weil der alte Mann, der dies schreibt, die Zeit der Weimarer Republik nicht nur aus historischen Studien, sondern auch aus eigener Erinnerung kennt und ihm insbesondere die politische Atmosphäre jener Zeit noch gegenwärtig ist, will ich mich an Sie in Ihrem Jenseits wenden. Vielleicht gewinnen die Mitleser dieses Briefes daraus eine klarere Perspektive auf die Vorgänge, die nun die Bundesrepublik betreffen.

Heute stammt die Gefahr von Leuten, die ursprünglich von links kamen. Sie wollen, so scheint es, der Republik, die sie für einen schlechten Staat halten, den Garaus machen, indem sie das, an was die erste Republik zugrunde gegangen ist, nämlich den Faschismus, provozieren. Dessen erneuter Zusammenbruch in einer Weltrevolution aller unterdrückter Völker mag ihr vages Ziel sein. Das ist ein Erklärungsversuch des gescheiten Professors Maurice Duverger in seinem Artikel in *Le Monde* über den «Roten Faschismus». So ungefähr wird das zutreffen, obwohl es sich dabei um eine komplizierte und geradezu hirnverbrannte, irreale Spekulation handelt. Aber Menschen sind bekanntlich zu allem fähig. Bei den einzelnen Teilnehmern sind sicherlich außerdem persönliche, psychische Ursachen, Erlebnisse, Fixierungen wirksam.

In der Weimarer Zeit ist mit der Republik auch der Rechtsstaat zum Teufel gegangen. Heute zeigt sich eine ähnliche Gefahr;

allerdings mit dem wichtigen Unterschied, daß damals ein großer Teil des deutschen Volkes auf der Seite der Terroristen stand. Dieser Teil, den man heute als die Sympathisanten bezeichnet, bestand damals aus dem sogenannten nationalen und völkischen Teil des deutschen Volkes, der die Niederlage im Weltkrieg und die demokratische Staatsform nicht anerkennen wollte. Dieser Teil gewann schließlich die Mehrheit und die Oberhand, und der Terrorismus nach innen und nach außen wurde geradezu zum Staatsprinzip, und zwar formell ganz legal, worauf man sich einiges zugute tat.

Sie waren, verehrter Herr Reichsminister, wie gesagt, nicht das erste Opfer dieses nationalen Terrors. Am 21. Februar 1919 wurde der bayerische Ministerpräsident Kurt Eisner, vor der Revolution Redakteur bei der *Münchner Post*, von einem Grafen Arco, Leutnant und Student, erschossen auf dem Wege zum Landtag, dem er nach der kurz zuvor erlittenen Wahlniederlage seiner Partei seinen Rücktritt als Ministerpräsident zu erklären im Begriffe war. Sein Verbrechen war, Sozialist und Pazifist, Intellektueller und Jude zu sein. Graf Arco kam zwar vor Gericht, wurde aber nicht wegen Mordes verurteilt, obwohl zweifelsfrei nach dem damaligen Recht die Tat ein Mord war, nämlich Tötung mit Überlegung. Er bezog eine Freiheitsstrafe, von der er den kleineren Teil abbüßte. Er war inzwischen zum bayerischen Volkshelden geworden. Durch den Mord an Eisner, und durch nichts anderes, ist zuerst eine wilde Schießerei im Landtag und alsdann die unglückselige Räterepublik ausgelöst worden.

Bald setzte auch die Ruf- und Mordhetze gegen Sie, Herr Erzberger, ein. Ihr Verbrechen war, die Waffenstillstands-Delegation vom November 1918 geführt zu haben, nachdem die Herren Hindenburg und Ludendorff der Reichsregierung ihren militärischen Bankrott erklärt und um Herbeiführung eines Waffenstillstands ersucht hatten. Sie wurden nun – als der prominenteste Novemberverbrecher – neben den Juden und Marxisten zum Hauptziel der Hitlerschen Agitation. Aus den amtlichen Akten über eine Hitlerrede vom 24. Februar 1920 im Festsaal des Hofbräuhauses in München: «Wie können wir von einem Staat noch Ehrlichkeit verlangen, wenn der oberste Herr ‹Erzberger› heißt (Stürmischer Beifall).» Die Täter des an Ihnen begangenen Mordes waren zwei Offiziere aus der mit den Nazis eng verbundenen Organisation Konsul. Mit Hilfe falscher Pässe, die ihnen das von den Nazis durchsetzte Polizeipräsidium München verschafft hat, entkamen sie nach Ungarn, wo sie Asyl erhielten und von wo sie später als Held zurückkamen. Es wird Sie interessieren, daß nach dem Mord der Generalfeldmarschall Hindenburg im deutschnationalen *Berliner Lokalanzeiger* – einem relativ harmlosen Vorläufer der heutigen *Bild-Zeitung* – folgende Erklärung veröffentlichen ließ: «Es ist nicht wahr, daß ich Erzberger jemals die Hand gegeben habe» (gemeint war damit das Zusammentreffen im Hauptquartier im November 1918). Und lesen Sie, was der bekannte Historiker der Weimarer Republik, Erich Eyck, durchaus kein Linker, berichtet:

«Noch erschreckender fast als der Erzbergermord selbst ist der schamlose Jubel, mit dem er von vielen Deutschen aufgenommen wurde. Die Zeugnisse dafür sind so zahlreich, daß man nicht den geringsten Zweifel daran hegen kann. Mit berechtigter Entrüstung schrieb ein evangelischer Theologe, Professor Martin Rade, in der *Christlichen Welt*: ‹Ungeheuerlich ist es, mit welchem Jubel ungezählte evangelische Christenleute diese Nachricht begrüßt haben. Ungeniert machte sich die Stimmung laut, auf den Straßen, in den Eisenbahnen, in den Familien.›»

(Die Freude am Mord war also durchaus nicht klammheimlich.) Und weiter sagt Eyck:

«Was Erzbergers Feinde ihm am wenigsten verzeihen konnten, war, daß er in Compiègne den Waffenstillstand unterzeichnet hatte . . . Den Feldmarschall von Hindenburg aber, dem Erzberger damals durch seine Bereitwilligkeit die tiefste Demütigung erspart hatte, wählten dieselben Deutschen zum Reichspräsidenten.»

Die nächsten prominenten Terroropfer waren der Studienrat Gareis in München, Reichstagsabgeordneter der Unabhängigen Sozialdemokratischen Partei, und im Juni 1922 der Reichsaußenminister Walther Rathenau. Mißglückte Attentate richteten sich gegen Philipp Scheidemann und Maximilian Harden. Von den zahlreichen Fememorden innerhalb illegaler bewaffneter Organisationen soll gar nicht die Rede sein.

Bei diesen Terrorakten war also auch das zu beobachten, was man heute in der Bundesrepublik die Sympathisantenszene heißt. Damals wäre es allerdings unmöglich gewesen, Sympathie zum Ziel staatlicher Verfolgung und Verfemung zu machen. Dazu waren die Sympathisanten zu zahlreich; diese Szene hätte nicht «ausgetrocknet» werden können, wie man heute so schön sagt. Außerdem war das rechtsstaatliche Gewissen offenbar damals empfindlicher. In diesen Jahren war zweimal hintereinander Gustav Radbruch Reichsjustizminister; ihm wäre die Verfolgung von Gesinnungen und Gefühlen und der Begriff des Sympathisanten ein rechtsstaatlicher Greuel gewesen, was er ja auch ist.

Daß ein demokratischer Staat sich gegen politische Morde wie gegen alle anderen schweren Verbrechen mit Schärfe und Energie wenden muß, ist klar. Die Formen und Begleitumstände dieser Verbrechen sind wandelbar. Der Staat muß dabei aber die rechtsstaatlichen Grundsätze unbedingt einhalten. Den Bürgern der Vereinigten Staaten und den Franzosen, die in den letzten Jahrzehnten auch mit Serien solcher Verbrechen zu tun hatten, ist dies wohl bewußt. Der Drang zur Publizität, die Verfolgung von Gesinnung und der Gesinnungszwang, überhaupt der irrationale agitatorische Aufwand, den auch die staatlichen Organe betreiben, beeinträchtigen eine zweckmäßige Verfolgung. Welche Borniertheit, sich über die Hinterhältigkeit und Heimtücke der Mörder zu entrüsten! Sind denn früher politische Attentate, wie etwa das auf der Waldstraße, auf der Sie spazierengingen, je angekündigt worden? Und läßt nicht Schiller seinen Tell in der hohen Gasse sagen: «Dort, der Holunderstrauch, verbirgt mich ihm.» Welche Dummheit, den Tätern einerseits die politischen Motive abzuerkennen, und ihnen andererseits gerade diese Motive der Staatszerstörung vorzuwerfen und sie deshalb vor ein besonderes Gericht zu ziehen! Es ist klar, daß diese geradezu hysterische Reaktion dem Erfolg der Fahndung nicht zugute kommt und von der eigentlichen Aufgabe ablenkt. Daß eine Polizeigewerkschaft zum Boykott eines Theaters auffordert, weil ein Mitglied des Theaters Geld für die Zahnarztkosten eines Häftlings gestiftet und gesammelt hat, auf die Bitte der Mutter dieses Häftlings, das charakterisiert den Zustand und sollte für alle Zeiten aufbewahrt werden. Man vergleiche mit dieser Hysterie den großartigen Brief, den die Mutter des ermordeten Walther Rathenau an die Mutter des einen der Täter gerichtet hat und der mit den Worten beginnt: «In namenlosem Schmerz reiche ich Ihnen, Sie ärmste aller Frauen, die Hand . . .»

Um noch einmal auf den Jubel nach Ihrer Ermordung zurückzukommen: Meine deutliche persönliche Erinnerung, und die Dokumente aus jener Zeit einerseits und das, was mir nun heute tagtäglich vor Augen kommt, berechtigen mich zu folgender Aussage: Die Jubler von damals sind nach politischer Tendenz, nach Geistesart und Wortschatz vollkommen identisch mit denen, die heute die hysterische und rechtsstaatswidrige Hetze gegen die sogenannten Sympathisanten betreiben.

Ich bitte Sie zu verstehen, lieber Herr Erzberger, daß ich diese Betrachtungen und Belehrungen und den Vergleich zur heutigen Zeit in meinen Brief an Sie aufgenommen habe, obwohl sie in erster Linie für meine Landsleute bestimmt sind.

In alter Verehrung
Ihr Landsmann
Richard Schmid (78)

Dorothee Sölle

. . . daß aus Linken Faschisten werden können

Brief an die amerikanischen Freunde

September 77

Liebe Freunde,

seit unserer Rückkehr aus den USA sind sechs Wochen ins Land gegangen und wir versuchen, uns hierzulande wieder zurechtzufinden. Mühselig und manchmal verstört, muß ich sagen. Der erste Rundfunkkommentar, den ich hier schrieb, gab ein Stimmungsbild des Heimkehrenden und handelte über den Gebrauch von Plastiktüten, die Legitimation der Neutronenbombe und das drohende polizeistaatliche 1984, an dem so viele arbeiten. Er wurde von der Redaktion begrüßt, von der Selbstzensur, der sich die Medien zunehmend unterwerfen müssen, abgelehnt. Geballte wirtschaftliche und militärische Macht nach außen und Repression nach innen, das war mein Eindruck; die Zensurmaßnahme hat das, was ich eigentlich eher fragend, fürchtend und zweifelnd äußerte, massiver bestätigt, als ich wollte.

Die Welt der amerikanischen Opposition, in der wir uns so zu Hause fühlten, der radikalen gesellschaftlichen Kritik und des «Widerstands» in dem Sinn, den die Berrigans diesem Wort geben, haben wir hierzulande noch kaum wiederentdeckt. Statt dessen: Lähmung und Angst. Ihr werdet über die Entwicklung des Terrorismus hier gelesen haben. Es ist bitter zu sehen, wie aus hochsensiblen, idealistisch motivierten Leuten der Mittelklasse kranke, derealisierte Kriminelle geworden sind. Selbst ihre Sprache enthält nicht mehr den flüchtigen Anhauch der Menschlichkeit; Schwein, faschistisch, krepieren, hinrichten sind ihre Hauptbegriffe. Sie haben das Lächeln, das Weinen, das Zögern, das Fragen total aus sich herausgemordet. Es ist bitter zu sehen, daß aus Linken Faschisten werden können. Aber diese Lektion haben viele, gerade der Jüngeren, nötig: daß es einen linken Faschismus gibt, daß der Nihilismus und die Menschenverachtung sich verschiedener politischer Ideologien bedienen können . . .

Ist die Vernunft nicht doch eine Hure, wie der alte Luther meinte? Käuflich für die jeweiligen partikularen Interessen? Hier wird das Konzept der lateinamerikanischen Stadtguerilla auf ein hochindustrialisiertes Land der Ersten Welt übertragen, und man redet sich ein, es sei tatsächlich der Kampf der Schulkinder in Soweto, den man durch die Ermordung eines Bankpräsidenten unterstütze.

Diese Sicht teilen die Ultras mit der Reaktion. Mit fast liturgischer Wiederholung führt die rechte Presse den Terrorismus auf das Klima unserer Universitäten zurück und fordert deren «Säuberung». Wie das konkret aussieht, dafür nur ein Beispiel: ein hiesiger Professor hat ein sehr gemäßigtes Flugblatt über Zustände in Gefängnissen unterzeichnet, in dem von den inhaftierten Terroristen als von «politischen Gefangenen» die Rede war. Über diesen Ausdruck kann man in der Tat streiten, wenn man zum Beispiel die Definition von Amnesty International zugrunde legt. Die konservative Partei der Christdemokraten griff die Sache auf und machte einen «Fall» daraus. Inoffiziell wurde daraufhin dem Professor nahegelegt, sich öffentlich vom damals letzten Mord an einem führenden Bankkaufmann zu distanzieren. Empört fragte er, wieso er sich von etwas distanzieren solle, womit er nicht das geringste zu tun habe . . . Mich erinnerte das an die in Ostdeutschland bei bestimmten Gelegenheiten verlangten «Ergebenheitsadressen», wenn prominente Bürger sich zu Vorfällen äußern müssen, wie Brecht zum 17. Juni 1953.

Ein anderes Beispiel: die Mutter einer der Gefangenen hat eine Hilfsaktion für deren Zahnbehandlung gestartet. Ein Stuttgarter Regisseur hängte diesen Brief ans schwarze Brett des Schauspielhauses und wurde mit Entlassung bedroht, weil er als «Sympathisant» gilt. Man darf die Aussätzigen eben nicht berühren! Um das Berührungstabu herum entsteht eine richtige neue Sprache; ein Politiker schlug vor, alle die «Gruppe» statt «Bande» sagen, zu den Sympathisanten zu rechnen, auch das eine sprachliche Neubildung der letzten Jahre mit weitreichenden Folgen. Zwischen die juristisch relativ klaren Begriffe der Täter, Mittäter und Helfershelfer schiebt sich da ein neuer mit unabgegrenztem Horizont; Sympathisanten sind: geistige Mittäter, Schreibtischmörder, Ideologen des Terrors, aber auch einfach Gesellschaftsveränderer.

Die Wüste wächst, sagte Nietzsche. Wir haben das immer so metaphysisch gehört, aber heute sieht man sie ganz real vordringen. Die Disziplinierung von kritischen Gedanken und Zweifeln, Regungen des Mitleids oder Rückfragen stellt eine Art von Verödung her. Daß «Sympathie» das Zeug zu einem Schimpfwort hergeben kann, drückt dieses Wachsen der Wüste überdeutlich aus. Wird man Sympathie in Deutschland einmal wieder unbefangen haben oder zeigen können?

Hinter diesem Klima steht eine einfache politische Gleichung, die von der CDU offen proklamiert und von vielen Menschen schon unbewußt übernommen wird, die Gleichung «Sozialismus–Terrorismus». Wer Sozialismus sagt, meint den Terrorismus, sei es den staatlichen wie bei Stalin, sei es den von einer Handvoll Desperados veranstalteten, den wir hier erleben. Wer verändern will, wer das System des Kapitalismus «überwinden» will, gehört ebenfalls in den «Dunstkreis» der Sympathisanten, wie es mit einer der Jagdsprache entnommenen Metapher heißt.

Was diese Art von Gehirnwäsche für die öffentliche Diskussion bedeutet, wißt Ihr besser als ich. Manchmal habe ich das Gefühl, im amerikanischen Mittelwesten zu leben, wo man die *New York Times* nicht bekommt und selbst wenn man sie findet, nichts davon hat, weil man mit niemandem darüber reden kann.

Aber wenn ich in den beiden Jahren in den USA, genauer von Euch allen, etwas gelernt habe, dann ist es das fruchtlose Gejammer, in dem ein Teil der deutschen Linken sich immer noch gefällt, zu lassen, und die Frage nach den Gegenbewegungen zu stellen, die praktikablen Alternativen und Strategien herauszufinden. Was haben wir denn aus dem Syndrom gesellschaftlicher Neurose, verstanden als der Unmöglichkeit, das Leben selber zu bestimmen, und der katastrophischen Antwort des Terrorismus zu lernen? Ein Stück Selbstkritik sollte bei dieser Analyse schon herausschauen, und damit meine ich nicht nur eine rhetorische Kritik an der von der Linken bevorzugten Verpackung. Wir konnten uns nicht verständlich machen, und das, was von uns öffentlich ankam, war der Haß und die unglaubliche Menschenverachtung derer, die Polizisten «Schweine», Morde «Hinrichtungen» und individuellen Terror einer Minderheit «Klassenkampf» nennen. Diese Tatsache ist nicht durch eine oberflächliche Pädagogik aus der Welt zu schaffen. Was können wir lernen? Dazu zwei Überlegungen, die ich eigentlich nur zurückschiffe, weil sie aus dem Dialog mit Euch und anderen radikalen und liberalen amerikanischen Christen erwachsen sind.

Was man nicht lehren kann, hat man auch nicht gelebt. Was nicht gelebt, versucht, angefangen wurde, kann auch nicht kommuniziert werden. Wir müßten versuchen, die Gegenthese zur herrschenden glaubhaft zu machen: Sozialismus ist nicht Terror, sondern der schrittweise Abbau alles dessen, was im Bereich der Gesellschaft Angst und Schrecken macht, was neurotisiert und terrorisiert. Daß diese These so unglaubwürdig geworden ist, bedeutet ja auch, daß ihre Vertreter, also wir, äußerst unglaubwürdig sind.

Aus der Geschichte des frühen Christentums kann man lernen, daß nicht Ideen es sind, die Leute bekehren, auch nicht Einsichten in die Ausbeutungszusammenhänge. Was bekehrte und andere radikalisierte, waren die neuen Menschen, die anders miteinander umgingen, weil sie das neue Ziel schon jetzt lebten. Auf Befreiung aus lebten sie schon wie Befreite. Um nur die aktuellen Punkte zu nennen: was überzeugte, war, wie sie mit ihrem Eigentum und wie sie mit ihren Gegnern umgingen. Das Schlimme an der RAF ist, von den Opfern einmal abgesehen, daß man aus ihrem Jetzt auf ihr mögliches Dann, aus ihren Methoden auf ihre Ziele, aus ihrer Sprache auf ihre Wünsche zu schließen ist. Die Frage wendet sich gleich zurück. Denn was wird man von uns Sozialisten sagen, was leben wir denn «schon jetzt»? Wenn ich eine Antwort wüßte, brauchte ich die Frage nicht zu stellen.

Um es noch einmal auf die politische Ebene zu spielen, muß man fragen, was Reformen innerhalb des fortgeschrittenen Kapitalismus bedeuten. Die deutschen Terroristen sehen in den Reformern die entscheidenden Gegner. «Wenn ich den Faschismus von heute in einem einzigen Wort definieren müßte, heißt es in einer ihrer Schriften, würde ich das Wort ‹Reform› wählen.» Auch darin stimmt die Reaktion mit den Ultras überein. Man muß, so kriegen wir's täglich zu hören, die Reformen in Mitbestimmung, Schule, Universität, Gefängnis möglichst schnell wieder abschaffen, erst dann werden wir die Systemveränderer los. Die Gesellschaft muß irreformabel werden – Terroristen und Reaktionäre sind sich einig. Wenn wir demgegenüber gerade jetzt um jeden Zentimeter von mehr Demokratisierung und mehr Lebensqualität kämpfen, so tun wir das im Bewußtsein, daß es Reformen gibt, die das Leben so tiefgreifend verändern, daß nicht einzusehen ist, warum man sie nicht, dem angelsächsischen Sprachgebrauch folgend, Revolution nennen sollte.

Reformen können aber auch zum «Reformismus» erstarren, jener sozialdemokratischen Krankheit, die 1914 die europäischen Sozialisten dazu brachte, ihre besten Traditionen – proletarische Internationalität und Pazifismus – auf dem Altar des Vaterlandes zu opfern. Besteht nicht die Gefahr, daß auch der heutige Reformismus, daß das Vertrauen in mögliche Reformen, mit weiterer Militarisierung und Nuklearenergie bezahlt werden muß? Gibt es Reformen ohne Reformismus?

Wie Ihr seht, bin ich nicht gerade weiser oder zuversichtlicher geworden, seit ich den Boden der Heimat wieder berühre. Vielleicht ist zuviel Asphalt dazwischen . . . Aber das brächte mich entschieden in Eure Nähe.

Peace in the struggle
Dorothee Sölle

Klaus Staeck

Sympathisant ist, wer . . .

Lieber Bernhard Vogel,

vor bald zwanzig Jahren sind wir uns zum erstenmal begegnet. Sie waren Assistent am Institut für politische Wissenschaften der Universität Heidelberg, ich war Jurastudent in den ersten Semestern. Wir gehörten beide zu den damals wenigen, die sich in einer Hochschulgruppe politisch engagiert hatten. Unser Problem war, die Demokratie könne Schaden leiden, weil sich in der Wohlstandsgesellschaft und ihrer Universität nur wenige für politische Probleme interessierten. Meiner Erinnerung nach hatten damals die Studentenvereinigungen SDS, SHB, RCDS, LSD und GHG an der ganzen Universität nicht mehr als vierzig Mitglieder. Wir haben dann gemeinsam für den Heidelberger Stadtrat kandidiert, Sie für die CDU, ich für die SPD. Wir waren also längst in demokratische Organisationen eingebunden, wir gestalteten unsere Parteien mit, als dann in den wilden Jahren der Studentenbewegung mit einemmal die Jüngeren, die sich plötzlich für politische Belange interessierten, aus den parteipolitisch Engagierten wie uns verstaubte Witzfiguren machen wollten. Inzwischen sind Sie politisch mächtig, als Ministerpräsident und als Präsident des Bundesrates. Ich bin einen anderen Weg gegangen; aber auch ich bin nicht ohnmächtig, wenngleich meine Macht von anderer Art ist als Ihre. Wie Sie Ihrer, bin ich meiner Partei in all diesen Jahren treu geblieben.

Ich erinnere an die in vielen Teilen doch gemeinsame Erfahrung, weil ich Ihnen zu Ihrem Interview in der *Bild-Zeitung* vom 14. September 1977 schreiben möchte, zu dem Interview: «Sympathisant ist, wer . . .». Denn habe ich mich noch über Ihre klare ablehnende Haltung in der Frage Wiedereinführung der Todesstrafe gefreut, so hat mich dieses Interview erschreckt; erschreckt nicht nur wegen der Zeitung, der Sie es gegeben haben, sondern vor allem wegen der Sorglosigkeit, mit der Sie pauschal die Verdächtigung ausstreuen, bei einem erheblichen Teil der Bevölkerung handle es sich um Gehilfen des Terrors.

Sie sagen: «Sympathisant kann schon derjenige sein, der ‹Baader-Meinhof-Gruppe› statt ‹-Bande› sagt. Hätten Sie recht, wäre der Helferkreis um die Terroristen tatsächlich groß. Noch gestern las ich in der *Frankfurter Rundschau* das Wort «Baader-Meinhof-Gruppe». Sind nun deswegen die Redakteure dieser liberalen Zeitung Mordgehilfen? Ihr Interview legt diesen Schluß nahe; aber Sie wissen genau, daß es sich bei dem Wort «Gruppe» oder «Vereinigung», eben «kriminelle Vereinigung» um den richtigen, um den allein justiziablen Ausdruck handelt. Wollen Sie nun mit Hilfe der *Bild-Zeitung* zu dem «Gruppen-Banden»-Test aufrufen, um der Helfer habhaft zu werden? Sie vielleicht nicht; aber in der Verdächtigung, die Sie ausstreuen, wird sich schon jemand finden, der das dann übernimmt. Es bedeutet einen Mißbrauch der Macht, wenn Sie, ausgestattet mit der Autorität des zweithöchsten Staatsamtes, die aufgewühlten Emotionen dazu benutzen, eine Welle der Verdächtigung in Gang zu setzen.

Ihre Sympathisantendefinition erinnert mich in fataler Weise an die fünfziger und sechziger Jahre, in denen die Union «gute» und «schlechte» Deutsche danach einteilte, ob jemand Ostzone oder DDR sagte. Politik war und ist das nicht, nur Vortäuschung von Politik.

Ich würde über Ihre Redeweise hinweggehen, hätte sie nicht Folgen und würde ich die Folgen nicht kennen. Für Terroristen jedweder Art irgendeine Zuneigung zu entwickeln, hat mich mein politischer Verstand und mein moralisches Grundverständnis von Politik bewahrt, nicht anders, als es sich bei Ihnen verhalten wird. Das hat mich aber nicht etwa davor bewahrt, diffamierenden Identifizierungen ausgesetzt zu werden. Im Gegenteil: ein eindeutig gegen den Terror gerichtetes Plakat wurde – weil es mit den Mitteln der Ironie arbeitet – von Ihrem Parteifreund Osmers als eine «Verharmlosung» von Gewalt bezeichnet. Und nun frage ich mich, ob ich nach Ihrer Definition von «Sympathisant» ein Mordgehilfe bin, weil ich als Jurist juristisch korrekt «Gruppe» sage und nicht «Bande». Das heißt: Auch wenn fest steht, daß wir beide seit jeher den Terror abgelehnt und mit unseren Mitteln bekämpft haben, sind wir plötzlich in der gegenwärtigen Situation nicht mehr gleich. Sie begeben sich auf das Podest der Verdächtiger. Sie ziehen einen Strich und weisen anderen eine Position zu auf der anderen Seite. Ich soll mich im Lager der Verdächtigten wiederfinden und soll nun meine Unbescholtenheit beweisen.

Nun ist das für mich nicht unbedingt eine neue Erfahrung. Im Gegenteil; ich kenne das Verfahren nur zu genau. Ich bin während der Zeit des Stalinismus in der DDR zur Schule gegangen. Dort war ich schon deshalb verdächtig, weil mein Vater ein kleiner Angestellter und kein Arbeiter war. Und immer wenn eine Unregelmäßigkeit passierte, gehörte ich in den Kreis der Schuldigen, denen es oblag, ihre Unschuld zu beweisen. Schließlich eben deswegen in die Bundesrepublik gekommen, reichte schon die Tatsache, daß ich nun aus der DDR kam, um erneut verdächtig zu sein. In der Adenauer-Ära kam erschwerend hinzu, daß ich der SPD angehörte und, das Wiedervereinigungsgerede der Politiker ernst nehmend, mit Freunden eine erste Begegnung zwischen den Universitäten Heidelberg und Leipzig organisierte. Und jetzt bin ich plötzlich wiederum verdächtig.

Ich will Ihnen sagen, wie das funktioniert: Irgend jemand, der sich über eines meiner Plakate geärgert hat, ruft bei der Polizei an und behauptet, ich würde Terroristen verstecken. So wird denunziert. Und ich will Ihnen auch sagen, wohin das führt: Ein Lehramtsanwärter wurde kürzlich vor dem Einstellungsgespräch vom Verfassungsschutz davor gewarnt – «in seinem eigenen Interesse» –, mich zu besuchen. Ich erwähne dies nur, damit Sie sich einmal ein Bild von den Auswirkungen der Diffamierung machen können. Und es sind diese Wirkungen, die Interviews wie Ihres hervorrufen. Dabei bin ich weder zimperlich noch ängstlich, nur etwas hellhörig, nicht ganz so korrupt, nicht so schizophren, nur etwas sensibler gegenüber politischen Klimaveränderungen als andere; und ich versuche das darzustellen. Das Fatale an dem Klima des Mißtrauens, das Sie herzustellen helfen, ist, daß Entlastungsbeweise immer seltener gelingen, je pauschaler die Verdächtigungen ausgestreut werden.

Dabei wissen Sie natürlich ganz genau, daß gerade jemand wie ich schon von der Sache her ein erklärter Gegner jeder Form von Terrorismus sein muß, nämlich jemand, der an seiner Überzeugung niemals einen Zweifel hat aufkommen lassen, daß die demokratische Reform die Aufgabe der Politik bildet. Und Sie wissen natürlich, daß die Terroristen gerade die Reformmöglichkeit der Gesetze leugnen, durch ihre Attentate Politik unmöglich machen wollen und sich gegen die Grundauffassung der Sozialdemokratie wenden. Denn der Haß der Terroristen gilt neben allen wirklichen oder vermeintlichen Kapitalisten vor allem all jenen, die für ihre Politik von der Veränderung durch soziale Reformen ausgehen.

Die Inquisition verlangt nach immer neuen Frömmigkeitsbeweisen und überläßt die Schuld- und Unschuldsnachweise dem Gottesurteil. Beweisen Sie einmal, daß Sie irgend jemanden nicht kennen! Beweisen Sie einmal, daß Sie mit irgend etwas nichts zu tun haben! Durch den Begriff des «Sympathisanten» oder gar des «potentiellen Sympathisanten» (*Frankfurter Allgemeine Zeitung*) ist nämlich die Grundlage der Rechtsordnung schon lange auf den Kopf gestellt, indem verlangt wird, daß öffentlich Beschuldigte ihre Unschuld zu beweisen haben. Sie werden denken: wer sich verteidigt, klagt sich an; aber ich verteidige nicht, ich frage: Was wollen Sie aus der Demokratie machen?

Einen Staat mit Treuebekenntnissen als Morgenappell? Einen Staat, in dem man ständig seine Staatstreue beteuert, um täglich neue Verdächtigungen von sich abzuwenden? Es ist auf die Dauer unerträglich, daß Menschen, wie zum Beispiel ich, durch eine Flut von niederträchtigen Denunziationen in eine Ecke gedrängt werden sollen, in der sie nie waren, in die sie nicht gehören und mit der sie nichts zu tun haben. Oder ist jemand wie ich nach Ihrer Meinung schon verdächtig, weil er neben vielen anderen Mißständen auch Ihre Partei zu kritisieren wagt? Ich will nicht glauben, daß Sie wollen, stellvertretend für die Mörder, die offenbar die Polizei nicht fassen kann, sollen die kritischen Intellektuellen zur Jagd freigegeben werden.

Ich leide mit jedem Menschen, dem Unrecht widerfährt und dem Gewalt angetan wird. Es ist das Lebenselement meiner alltäglichen Arbeit, mich damit auseinanderzusetzen. Und was für mich gilt, gilt für viele Intellektuelle. Ich mache keinen Unterschied zwischen den Witwen der Polizisten, der Bedrängnis, in der sich Herr Schleyer in diesem Augenblick befindet und allerdings auch den Millionen Menschen, die auch in diesem Jahr wieder in der Dritten Welt an Hunger sterben. Mich mit der Gewalt auseinanderzusetzen und mit deren Folgen bildet den konstanten Gegenstand meiner Arbeit. Aber daher weiß ich auch, was ich von zu laut vorgetragener Empörung zu halten habe und von der zur Schau gestellten Trauer. Jedenfalls begehen Sie ein Unrecht, wenn Sie aus der nicht allzu demonstrativen Bekundung der Solidarität mit den Opfern auf Sympathien gegenüber den Tätern schließen.

Nicht zuletzt unsere jüngste Geschichte liefert genügend Beispiele dafür, mit welch verhängnisvollen Folgen schon einmal eine Intellektuellenhetze endete. Die Demokratie hat in einem Klima der totalen Verdächtigung und Denunziation jeder Abweichung von der Norm keine Überlebenschance. Das Ziel der Terroristen ist, unsere soziale Ordnung zu erschüttern. Das wird ihnen nicht gelingen. Auch die Weimarer Republik ist nicht an dem vielfältigen Terror, sondern an dem Versagen der Demokraten, unter anderem auch gegenüber diesem Terror, zugrunde gegangen. Und die Demokratie gerät wirklich in Gefahr, wenn unter den Schocks der Ereignisse die Bevölkerung in dem Glauben bestärkt wird, Toleranz und Pluralität der Meinungen seien nicht mehr erforderlich und selbst schon ein Kennzeichen der Gefahr. Wer aber Treibjagden fördert, hat es am Ende nicht mehr in der Hand, wenn sie in Progromen enden.

Haben Sie, Herr Vogel, eigentlich keine Angst davor, daß der jetzt ausgestreute Haß eines Tages Sie selbst einholt? Gerade weil ich Sie zu den Besonneneren in Ihrer Partei zähle, habe ich die Hoffnung, daß Sie nicht ganz vergessen, daß der Kreis der Demokraten nicht jeweils auf den eigenen Freundeskreis beschränkt ist. Die Demokratie lebt vom Austragen der Gegensätze, vom friedlichen Ringen um den besten Weg. Niemand sollte die Bestürzung über die Morde und die Trauer dazu nutzen, den Grundkonsens des demokratischen Verhaltens aufzukündigen. Wer Mördern das Gefühl gibt, sie könnten mit Ihren Attentaten das Infragestellen von Grundrechten und das demokratische Verhalten der Gesellschaft insgesamt in Frage stellen, erweist der Demokratie einen sehr schlechten Dienst. Gesetze kann man nicht wie Hemden wechseln, wenn man sie je ernst genommen hat. Gerade jetzt ist die Besonnenheit der Politiker gefordert.

Die Terroristen wollen den Polizeistaat. Niemand sollte Ihnen dabei helfen. Es sollte kein Zweifel daran möglich sein, daß wir, wenn wir auch in verschiedenen Parteien und mit verschiedenen Mitteln in der Öffentlichkeit arbeiten, darin übereinstimmen, daß wir für Demokratie und Rechtsstaat arbeiten.

Mit freundlichen Grüßen,
Ihr Klaus Staeck

Carola Stern

Machen Sie doch endlich mal den Mund auf

An einen liberalen Bildungsbürger

September 1977

Lieber Kollege,

ich beneide Sie um Ihre Bildung, die Erstausgaben in Ihrer Bibliothek, den gepflegten Wein aus Franken, den Sie Gästen reichen. Sie beruflich einzuordnen, fällt mir schwer. Sind Sie mehr Wissenschaftler oder Künstler? Auf jeden Fall gehören Sie zum Kulturbetrieb. 1972 haben Sie wahrscheinlich Willy Brandt und die SPD, 1976 dann wieder FDP gewählt. Meine Sympathie für die Bundestagsabgeordneten Coppik und Conradi mögen Sie nicht teilen, die Tarifforderungen der ÖTV nennen Sie übertrieben, Strauß-Reden erregen Sie. Kurz gesagt, Sie sind kein Linker, Sie sind ein Liberaler. Dennoch gehören Sie zur «schweigenden Mehrheit» dieser Republik.

In der Hochschule, wo Sie einen Lehrauftrag wahrnehmen, erklärten Ihnen neulich Seminarteilnehmer, niemand habe «die faschistische Gefahr in der Bundesrepublik Deutschland mehr vorangetrieben als die SPD». Brocken aus dem Klippschulmarxismus flogen durch die Gegend; nur durch revolutionäre Gewalt sei der Kapitalismus hier zu überwinden. Sie schwiegen, weil Sie sich mit Marxismus-Leninismus nie beschäftigt haben und Ihnen «ideologischer Schlagabtausch» zuwider ist. Sie schwiegen auch deshalb, weil Sie sich erinnern, mit zwanzig selber ziemlich wirres Zeug verzapft zu haben. Es liegt Ihnen daran, als toleranter Freund der Jugend akzeptiert zu werden. Da Sie den Radikalenerlaß für schlimm und schädlich halten – darin sind wir uns einig –, trachten Sie danach, alles zu vermeiden, was womöglich als seine Billigung verstanden werden könnte. So sind Sie zu dem Schluß gekommen, «man kann da gar nichts sagen, ohne mißverstanden zu werden». Sie schweigen auch, wenn Handwerker im Haus, der Taxifahrer und Ihr Schwager angesichts des Terrorismus nach Bundeswehreinsatz, Sicherheitsverwahrung und der Todesstrafe rufen. «Es lohnt sich einfach nicht, mit solchen Leuten rumzustreiten», sagen Sie, «man sollte ihnen aus dem Wege gehen.» Neulich im Kino nach dem Festfilm rief ein Mann in Ihrer Reihe: «Jedenfalls, die Baader-Meinhof-Bande hat's bei Hitler nicht gegeben. Der hätte aufgeräumt mit denen.» Zustimmung bei anderen Besuchern. Sie wenden sich von solchen Szenen angewidert ab. In öffentliche Pöbeleien möchten Sie nicht reingezogen werden. Ihrer Frau erzählten Sie zu Hause, Sie hätten aus Protest demonstrativ den Saal verlassen. Doch der Film war sowieso zu Ende.

Neulich trafen wir uns auf einer Jahreskonferenz, bei der man abends hören konnte, daß es sich zur Zeit Schillers in Deutchland besser lebte als zur Zeit von Schmidt. Die Unterdrückung in der Bundesrepublik, die da geschildert wurde, erinnerte an die Unterdrückung in den Diktaturen Südamerikas. Sie protestierten nicht dagegen, erstens weil Sie nicht in den Verdacht kommen wollen, zu den unkritischen Geistern zu gehören. Bei andersdenkenden Kollegen womöglich als konservativ, als «rechts» zu gelten, wäre Ihnen schrecklich. (Ich verstehe das, auch mich trifft das weit mehr, als ich oft zugeben mag.) zweitens sind Sie liberal und lassen jede Meinung gelten, drittens haben Sie Hemmungen, öffentlich zu reden. Anderen mag das liegen, Ihnen eben nicht. Zusammen mit einigen Kollegen erwägen Sie, nächstes Jahr gar nicht zu der Konferenz zu kommen, «die Leute unter sich zu lassen»; denn Sie sind ja liberal und beklagen unter Freunden den Verriß der Republik.

Ich möchte nicht, daß wir uns mißverstehen. Aufgewachsen in der Hitlerzeit, jung gewesen in der DDR, weiß ich wohl zu schätzen, daß man in der Demokratie nicht reden, nicht bekennen *muß*. Und sollten Sie und mich demnächst Leute zwingen wollen, öffentlich zu sagen, daß wir keine Terroristenfreunde sind, obgleich wir von der Baader-Meinhof-Gruppe und nicht -Bande sprechen, so werden wir zusammen schweigen. Doch kann man Republiken heute nicht mehr mit der Waffe, sondern nur noch mit dem Wort verteidigen. Deshalb möcht ich Sie ermutigen, Hemmungen zu überwinden, Ihr stetes Schweigen zu durchbrechen und in diesen Wochen als ein Liberaler der Verleumdung Linker zu begegnen.

Und nun zum Schluß überfällt mich doch noch mal der Zorn: Machen Sie doch endlich mal den Mund auf, Herr Kollege.

Ihre
Carola Stern

Thaddäus Troll

Der Begriff Sympathisant wird zum Geschoß

An eine spanische Freundin

Stuttgart, 22. September 1977

Liebe Claudia –

«Steuert Ihr Land dorthin, wo meines war, als Sie uns damals besuchten?» fragen Sie mich in Ihrem Brief.

Damals – das war vor genau zwei Jahren. Sie, eine engagierte Antifalangistin, warteten auf den Tod Ihres Despoten, von dem Sie mir sagten, der fromme Mann habe noch auf dem Totenbett Todesurteile gegen Basken unterzeichnet und damit eine Lebensleistung von 160000 Hinrichtungen erbracht. Sie erzählten mir, wie Ihre Lehrer gefoltert wurden, wie Gegner des Systems bei Nacht und Nebel verschwunden sind, wie militante Schlägertruppen unter Mißbrauch des Namens Christi Sozialisten zusammengeschlagen haben. Und in der Zwischenzeit ist aus Francos Diktatur eine funktionierende Demokratie geworden.

Jetzt hören Sie aus unserem Land Nachrichten von Terror und Mord, Sie hören aber auch von Gegenterror, von faschistoiden Strömungen, und das beunruhigt Sie.

Sie wissen, daß die Terroristen nichts mehr mit der studentischen Protestbewegung von 1968 zu tun haben, von der wir uns damals so viel für die Erneuerung unseres merkantilen Staates versprochen haben, die aber inzwischen im Sand des Konservativismus und des Materialismus versickert ist. Sie wissen, daß der harte Kern des Terrorismus nichts mit Männern wie Dutschke, Mandel, Marcuse und Cohn-Bendit gemein hat. Die Mörder Bubacks und Pontos, die Entführer Lorenz' und Schleyers sind wirr, krank, rasend, gewissenlos, literarisch vorgezeichnet in Schillers ‹*Räubern*›, in Dostojewskijs Raskolnikoff. Wenn sie überhaupt eine politische Strategie haben, dann die, die Bundesrepublik durch eine Orgie von Gewalttaten in den Faschismus zu treiben und damit den Nährboden für eine sozialistische Revolution zu schaffen. Diese Theorie ist aberwitzig. Als ob der Faschismus nicht immer seine Macht so skrupellos eingesetzt hätte, daß jede revolutionäre Regung im Keim erstickt wurde.

Als Handlanger des Faschismus, als Todfeinde der Linken haben die Terroristen Erfolg. Durch ihre Taten verschaffen sich die Falken, die Radikalenjäger, die Saubermänner, die Kalten Krieger, die Revanchisten Gehör und sammeln ihre Stimmherden im gleichen Reservoir, dessen sich Hitler bedient hat. Das durch böse Schlagworte wie «Freiheit statt Sozialismus» von ihnen in Ängste gejagte Kleinbürgertum ruft nach Ruhe, Ordnung und Härte und tastet nach der starken Hand. Hitlers Erbschaft, die Brutalität, bislang nur im Straßenverkehr vorherrschend, gibt an Stammtischen und in den Leserspalten der Zeitungen Laut: «Rübe runter» – «Auf der Flucht erschießen» – «Verhungern lassen» – «Dem Volkszorn ausliefern» – «Unter Hitler wäre das nicht . . .» – «Ausräuchern – Ausrotten – Zertreten». Begriffe aus dem Wörterbuch des Unmenschen, Sprache des Kammerjägers, der Mensch als Ungeziefer. Dieselben, die Schutz für das werdende Leben fordern, rufen nach der Todesstrafe, nach Rache, nach Sippenhaft.

Und für den, der sich nicht von Emotionen treiben läßt, der auch dem Rechte zugesteht, welcher das Recht verletzt hat, ist ein Wort erfunden worden, das nicht in Grimms Wörterbuch steht: SYMPATHISANT. Nicht nur der echte und gefährliche Spießgeselle, auch jeder, der zwar den Terrorismus scharf ablehnt, aber nicht vom bisweilen ungesunden Volksempfinden abweicht, wird wie mit einem Judenstern damit etikettiert, zum Beispiel der von einer Gruppe statt einer Bande spricht; der sich fragt, ob nicht die Gesellschaft, ob nicht er selbst am Entstehen des Terrorismus mitschuldig sei; der nicht nach härteren Gesetzen schreit, sondern nach mehr Intelligenz in der Fahndung und im Umgang mit den Tätern; der es auszusprechen wagt, auch Terroristen seien Menschen, an denen der Rechtsstaat seine Funktion beweisen müsse, wenn sie auch alles tun, um ihn zu zerstören.

Der Sympathisant – wörtlich übersetzt: Mitleider – wird zum Synonym des Spießgesellen; ihm wird unterschwellig unterstellt, daß er Waffen liefert, Terroristen versteckt hält, Kassiber schmuggelt, Mordbefehle weitergibt. Er ist geächtet, soll seinen Beruf nicht mehr ausüben dürfen, ist isoliert, vogelfrei, aus der Gesellschaft ausgeschlossen. Das Wort Sympathie taucht nicht ohne Bezug zum erstenmal in der Sprache der Alchemie auf. Dem

Sympathisanten traut man mittelalterlich sympathische Hexenkünste zu, die den Terroristen über Zeit und Raum, über Stacheldrahtzäune und durch Mauern geheime Wunderkräfte zufließen lassen. Und es gehört wenig dazu, als Sympathisant gebrandmarkt zu werden. Es genügt, rechtlich, menschlich, mitleidend, aufgeklärt, rational oder christlich zu denken und zu urteilen. Und weil man die Täter nicht findet, sucht man als Geiseln die Sympathisanten zu bestrafen.

Ein ebenso frappantes wie aktuelles Beispiel aus meiner Heimat mag Ihnen demonstrieren, was eine Brandmarkung mit dem Wort Sympathisant für Folgen haben kann. Ich lebe in einem Land, das, von einem väterlichen Landesherrn und dessen ergebenen Schleppenträgern regiert, sich nach außen als ein «bis zum Schwachsinn harmloses spätzlemampfendes Disneyland» darstellt. Ein Land, das außerordentliche Geister hervorgebracht, sie aber selten ertragen hat: Kepler, Frischlin, Schiller, Hegel, Hölderlin, Liszt, Einstein, Schubart, Hesse, Horkheimer, Erzberger, viele radikale Geister, aber auch verhältnismäßig viel Terroristen. Ein Land, das mit der Erfindung des Autos und der Hegelschen Philosophie arges Unheil in die Welt gebracht hat. Ein Land, in dem die Macht selten ein Verhältnis zum Geist hatte und das zwei bedeutende Internate für seine außerordentlichen Söhne besaß: das Tübinger Stift und den Kerker auf dem Hohenasperg. Ein Land, in dessen Randgebieten es bei des Schöpfers Worten «Es werde Licht!» so gottsallmächtig hell wurde, daß alle Sicherungen durchschmorten und sie seither im Dunkeln liegen: die Gebiete sind ziemlich genau an den Wahlergebnissen erkennbar. Ein Land, das sich durch exzessive Kirchlichkeit auf Kosten der Christlichkeit auszeichnet. Ein Land, dessen liberalster Regent der letzte Monarch war, der keine Theaterzensur duldete, wegen Majestätsbeleidigung vorbestrafte Radikale an seine Tafel lud, die Arbeiter bat, beim Maiumzug am Schloß vorbeizumarschieren und seinen dem Hof vorbehaltenen Wartesaal erster Klasse der Sozialistischen Internationale zur Verfügung stellte.

Ein Land, in dem der Pietismus das Theater als eine arge Sünde verteufelte und das heute ein Ballett von Weltklasse und ein Schauspiel besitzt, dessen Direktor Claus Peymann es an die Spitze der Bundestheaterliga geführt hat. Dieser Claus Peymann, alles andere als ein linker Dogmatiker wie sein radikalerer Vorgänger Peter Palitzsch, ist ein provokativer Komödiant. Er hat auf die

Bitte der Mutter von Gudrun Ensslin hundert Mark für die Zahnbehandlung der in Stammheim einsitzenden Terroristen gestiftet. Das war seine Privatsache, die kein Gesetz verbietet, eine karitative, eine christliche Tat («Was ihr getan habt einem unter diesen meinen geringsten Brüdern, das habt ihr mir getan»), mag man es auch als unbedacht oder unklug empfinden, daß er die Bitte auch noch am keineswegs öffentlichen schwarzen Brett aushängte.

Ein Denunziant, ein Ohrenbläser hat das drei Monate später, just als die Wogen der Emotionen nach der Entführung Schleyers am höchsten schlugen, einer Partei hinterbracht, die den Namen Christi in diesem Fall wahrhaft vergeblich in ihrem Schild führt. Landtagsabgeordnete aus den schwarzen Wäldern und hinteren Tälern brachten eine Anfrage bei der Regierung ein, deren Mitglieder sich noch nie für ihr Theater durch Augenschein interessiert haben, ob Peymann noch «tragbar» sei. Einmütig erklärte die Fraktion, die sich eines ansonsten recht liberalen Vorsitzenden erfreut, Peymann als einen «für sein Amt nicht mehr tragbaren Sympathisanten» und forderte fristlose Kündigung. Eine Flut von Leserbriefen schrie «Kreuziget ihn»; es war dem Briefstil leicht anzumerken, daß die Schreiber ein Theater nur vom Hörensagen kannten, im Künstler den Schlawiner, im Provokateur den Staatsfeind sahen.

Der Stuttgarter Oberbürgermeister Manfred Rommel, der indessen sein Theater und dessen Qualität kennt, rügte zwar Peymanns unkluge Handlung, setzte sich aber für ihn ein und isolierte sich, als Dissident nicht mehr ins offiziöse Unionsklima passend, als Sympathisant des Sympathisanten. Auch die Junge Union war für einen Kompromiß. Das Theaterpublikum brachte den Schauspielern und Regisseuren, die sich mit ihrem Direktor solidarisch erklärten und im Falle seiner Kündigung ihre Arbeit niederlegen wollten, allabendlich Ovationen dar. Kein Regierungs- und kein Fraktionsmitglied wagte sich ins Theater, es wäre kläglich ausgebuht und ausgepfiffen worden. Den Terroristen war es immerhin gelungen, zwei Fronten herzustellen: auf der einen Seite Intelligenz und Toleranz, auf der anderen Unduldsamkeit und Ignoranz. Immerhin gaben Landtagsabgeordnete, die nicht gewagt hatten, gegen die Parteidisziplin zu stimmen, bei den Freunden des Theaters hinter vorgehaltener Hand Sympathieerklärungen für den Sympathisanten ab.

Hätte nicht die CDU ein Mitglied und die Stadt Stuttgart einen

Oberbürgermeister vom Schlage Rommels, so wäre das Berufsverbot für Peymann ausgesprochen worden, hätte das Schauspiel auf Monate hinaus nicht spielen können, wäre es mit einem gefügigen neuen Ensemble dem Provinzialismus preisgegeben worden.

Der Begriff Sympathisant wird zum Geschoß. Beinahe wäre damit gelungen, eine große Begabung abzuschießen, weil durch und durch amusischen Politikern «die ganze Linie nicht paßt». Mit ihm gewinnt der skrupellos Schlaue die Stimmen des «gesunden Volksempfindens» und kann durch Denunziation die Macht erschleichen.

Wenn Sie wachsam beobachten, merken Sie an solchen Fällen, wie da und dort in der Bundesrepublik versucht wird, die Grundrechte einzuengen, den Freiheitsraum zu beschneiden (wäre ich Lehrer, würde ich diesen Brief nicht zu veröffentlichen wagen). Aber mögen Sie am Ergebnis, das ein Kompromiß war, erkennen, daß wir immer noch in einer Demokratie leben, wenn auch die Toleranz manchmal der Taktik weichen muß, wenn auch die *Bild-Zeitung* Zwangsmeinungen bildet. Auch die CDU ist noch keine Einheitspartei, auch wenn Konflikte nicht öffentlich ausgetragen werden. Noch funktioniert die Demokratie – selbst wenn die Terroristen eine besonnene Bundesregierung vor die teuflische Alternative stellen, ein Menschenleben zu opfern oder durch Honorierung einer Epressung dem Terrorismus neuen Auftrieb zu geben und damit das Recht und die Glaubwürdigkeit des Rechtsstaats in Frage zu stellen.

Erhalten Sie bitte Ihr Interesse für unsere Demokratie. Bleiben Sie uns gewogen, bleiben Sie wachsam, indem Sie unsere Wachsamkeit wachhalten. Darum bittet und grüßt Sie herzlich und solidarisch

Ihr
Thaddäus Troll

Ernst Tugendhat

Kriminalisierung der Kritik

An die Redaktion der *Zeit*

Der Leitartikel von Kurt Becker in der *Zeit* Nr. 38 vom 9. September zu dem meuchelmörderischen Anschlag auf Hanns-Martin Schleyer gipfelt in der Aussage: «Aber die wirklich politischen Entscheidungen liegen woanders . . . Wann werden die intellektuellen Brutstätten der gewalttätigen Radikalität einmal in Augenschein genommen? Geschieht dies nicht, wird nur an Symptomen operiert, nicht an Ursachen.» Also: die wirklich politische Entscheidung soll nicht darin bestehen, Wege und Mittel zu finden, den Terrorismus wirksam zu bekämpfen, sondern an den «intellektuellen Brutstätten» zu «operieren».

Welches sind die «intellektuellen Brutstätten», die Herr Becker meint? Er verweist auf die Professoren, die den Göttinger *Mescalero*-Artikel veröffentlichten, mit dem erklärten und einzigen Ziel, die (auch von Herrn Becker wiederholte) entstellende Berichterstattung über diesen Artikel zu korrigieren. Darüber hinaus richtet sich Herrn Beckers Forderung offensichtlich gegen die freie Meinungsäußerung überhaupt, sofern in ihr Kritik an unserer Gesellschaft geübt wird. Und wenn Herr Becker in diesem Zusammenhang den Ausdruck «Operieren an», also im Sinn eines chirurgischen Eingriffs, verwendet, assoziiert man unvermeidlich die in der Öffentlichkeit erhobene Forderung, jene und ähnlich denkende Professoren von den Universitäten zu entfernen.

Das Ungeheuerliche von Herrn Beckers Aussage liegt jedoch in der Kennzeichnung des Terrors als bloßen *Symptoms* der intellektuellen Kritik. Ungeheuerlich ist sie in beiden Richtungen: in der Verharmlosung des Verbrechens und in der Kriminalisierung der Kritik. Die Kritik wird zum eigentlichen Verbrechen erklärt. Die unterstellte Logik ist: wenn a) Aspekte unserer Gesellschaft kritisiert werden, folgt auch schon b), daß die Gesellschaftsordnung im ganzen verändert werden soll, und, wenn b), dann folgt auch schon c), daß diese Veränderung gewaltsam erfolgen darf, und, falls c) nicht durchführbar ist, weil keine revolutionären Voraussetzungen gegeben sind, dann folgt auch schon d), daß jede Gewalttat gegen diese Gesellschaft, jeder Mord an ihren Repräsentanten berechtigt ist.

In Wirklichkeit geschieht kein einziger dieser Schritte ohne Zusatzprämissen. So enthält zum Beispiel der Schritt von b) zu c) unter anderem die Zusatzprämisse, daß der Zweck die Mittel heiligt. Das Gros der von Herrn Becker inkriminierten Gesellschaftskritiker bleibt bei a) stehen. Es gibt zweifelhafte, aber erwägenswerte Gründe, zu b) überzugehen. Aber auch die theoretische Diskussion von c) muß in einer freiheitlichen Gesellschaft erlaubt bleiben. Der Übergang zu d) hingegen ist der Schritt ins Verbrechen. Er folgt in keiner Weise aus irgendeiner der vorhergehenden Positionen, und ich forderte Herrn Becker auf, an Stelle seiner vagen Verdächtigungen diejenigen «intellektuellen Brutstätten», die diesen Schritt theoretisch rechtfertigen oder auch nur nahelegen, exakt zu bezeichnen.

Wie gefährlich der Akkordeoneffekt ist, den Herr Becker durch das Ineinanderschieben dieser Positionen erzeugt, kann man sich an jedem beliebigen anderen Fall vor Augen führen. Zum Beispiel an der Auseinandersetzung über die Kernenergie. Da gibt es einige, die theoretisch kritisieren, andere, die demonstrieren, manche, die dabei bestimmte Formen der Gewaltanwendung für legitim halten, schließlich diejenigen, die solche Gewalt nur als Vorwand für beliebige Provokation staatlicher Organe mißbrauchen. Sind auch hier die letzteren nur das Symptom und diejenigen, die kritisieren und protestieren, das eigentliche Übel?

Man könnte vielleicht einwenden: da die Kritik an der Gesellschaftsordnung immerhin *eine* der Prämissen ist, die in das Wahnbild der Terroristen eingehen, sind die Kritiker dafür wenigstens *teilweise* mitverantwortlich. Dieser Gedanke wäre von derselben Logik und Dummheit, wie wenn behauptet würde: da die Autofirmen, die ihre Produkte anpreisen, die Autodiebe wenigstens in *einer* Prämisse ihres Tuns bestärken, sind sie für deren Handlungen wenigstens teilweise mitverantwortlich.

Allgemein: jeder, der irgend etwas für gut oder schlecht hält, der irgendein Werturteil äußert, wäre für alle Handlungen, in die es als Prämisse eingeht, mitverantwortlich, als ob es nicht vielmehr auf die *Handlungsnormen* ankommt, nach denen jemand seine Werte glaubt realisieren zu dürfen (und die gegebenenfalls auch regeln, wozu er sonst berechtigt zu sein glaubt, falls er sie nicht realisieren kann).

In Wirklichkeit sind es nicht die «kritischen» (differenzierenden) Intellektuellen, sondern diejenigen, die wie Herr Becker reden, die dem Denken der Terroristen nahestehen. Herr Becker scheint ja mit den Terroristen einer Meinung zu sein: *wenn* wir nur erst mit der Kritik beginnen, so ist der Terrorismus die Konsequenz. Er sieht nicht, daß der Fehler nicht in der Prämisse liegt, sondern in dem «Wenn-so»-Satz. Es ist ein und dasselbe undifferenzierte Denken, das die Freiheit unseres Staates von der einen und von der anderen Seite untergräbt.

Es liegt mir fern, Herrn Becker persönlich angreifen zu wollen. Es mag auch sein, daß ich seine Auffassung überzogen dargestellt habe. Er folgt nur, und gewiß zögernd, einer Welle von Intoleranz, die unseren Staat zunehmend überschwemmt. Daß nun auch *Die Zeit* sich offenbar nicht mehr in der Lage sieht, sich ihr zu entziehen, ist freilich ein Indiz, wie weit wir sind. Es handelt sich nicht nur um einen Mangel an Logik, sondern um den Autoritarismus, das obrigkeitsstaatliche Denken, in dem wir seit Generationen erzogen werden und in das wir offensichtlich bereit sind, bei der geringsten Herausforderung zurückzufallen. Auch darin irrt sich *Die Zeit*, wenn sie in einem Leitartikel der vorhergehenden Nummer meinte, die zunehmende Besorgnis in den westeuropäischen Demokratien über die Entwicklung in der Bundesrepublik sei aus der Luft gegriffen. In keinem dieser Länder wäre eine solche Intellektuellenhatz vorstellbar. Und vermutlich ist der besondere westdeutsche Terrorismus nur die Kehrseite des Autoritarismus – nicht unserer staatlichen Struktur, aber unserer politischen Kultur.

Martin Walser

An die Sozialdemokratische Partei Deutschlands

Es gibt keinen mehr, der die sinnlose Mordserie der Terroristen für eine politische Aktion hält.

Nach meiner Vorstellung von menschlicher Fähigkeit muß auch den Terroristen selbst die Sinnlosigkeit ihrer Laufbahn jetzt aufgehen. Das macht sie als Kriminelle nicht ungefährlicher, aber es macht sie ungefährlich in politischer Hinsicht. Sie sind in der Gesellschaft so isoliert, wie es durch keine Isolierhaft erreicht werden kann. Alles, was sie noch planen können, ist absurd. Es ist sicher unendlich schwierig, mit einer Gruppe ganz Aussichtsloser umzugehen.

Seit den Ermordungen eines Fahrers und dreier Beamter in Köln läuft über die Bühne der bundesrepublikanischen Öffentlichkeit ein Lehrstück, das keiner, der es erlebt hat, wieder vergessen wird. Wir müssen uns sogar vornehmen, dieses Lehrstück so gut und so genau als möglich aufzuzeichnen, um es so getreu als möglich dem künftigen Gebrauch zu überliefern.

Moderne Gesellschaften kommen offenbar immer häufiger in solche katastrophalen Situationen.

Zur Überlieferung dieses Lehrstücks, das auch den Titel tragen könnte: «Sage mir, wie du mit Verbrechern umgehst, und ich sage dir, wer du bist», möchte ich eine Zuschauer-Erfahrung beisteuern. Ich richte die Mitteilung meiner Erfahrung an die Adresse der Sozialdemokratischen Partei Deutschlands, weil die Art und Weise, wie einige Politiker dieser Partei in diesen schwierigen Tagen handelten, mir ein Vertrauen zu dieser Partei einflößten, das mir neu ist.

Dem Schrecken, den die Morde erregten, folgten die erschreckenden Reaktionen führender konservativer Politiker und der ihnen anhängenden Medien. Man erwartet von einem bayrischen, einem baden-württembergischen, einem niedersächsischen oder rheinland-pfälzischen Staatsmann etwas anderes als von den vom

Schaumhandel lebenden Privatzeitungen oder dem stumpfsinnigen Scharfmacher eines Fernsehmagazins.

Darf angesichts einer solchen Tragödie ein Minister wirklich den Demagogenschaum vor den Mund nehmen? Oder glauben die Herrn, was sie sagen? Wollen Sie die Todesstrafe wirklich? Meinen sie das wirklich, wenn sie sagen, wir befänden uns im Bürgerkrieg? Im Krieg sogar! Glauben sie wirklich, daß ein paar «Linksintellektuelle» stark und verblendet genug seien, Menschen auf so fürchterliche Weise sich selbst zu entfremden, wie diese politischen Verbrecher allen ihren Handlungen nach sich selbst entfremdet sind?

Selbst ein Historiker findet für diese politischen Verbrecher nur Wörter wie «Mordbanditen», «Mordbuben», «Mordmädchen». Öffentlich wird vorgeschrieben, wie drastisch wir zu denken, zu sprechen, zu fühlen haben. Medien und ihre Politiker erzeugen ein Klima, in dem nicht mehr gefragt werden darf, wie es zu dieser katastrophalen Lage gekommen sei. Der um seines Schaums willen berühmte Bayer möchte am liebsten die ganze SPD zur Terrorismusursache stempeln. Den befreit auch die schwerste Stunde nicht aus seinem Routinehorizont. In Stuttgart lief, wie es sich gehört, das Satyrspiel zur Tragödie. Der brave Theatermann wollte nicht nur immer Antigone *spielen*, er gab sein schwarzes Brett aus sophokleïschem Mitleid dazu her, daß für die Reparatur der Zähne Polyneikes' Geld gesammelt werde. Nicht mehr tragbar, rief der einschlägige Konservative, rief der Theaterchor, rief die Polizeigewerkschaft. In Stuttgart allerdings fand sich auch die Ausnahme: ein Oberbürgermeister der CDU wagte es, von seinen genaueren Kenntnissen Gebrauch zu machen und zu sagen, der Theatermann sei, obwohl er Polyneikes' Zähne reparieren lassen wolle, tragbar. Die Logik des Flächenbrandes – das ist die Logik der konservativen Reaktion auf die katastrophale Lage – erfordert es, daß der Oberbürgermeister jetzt auch ein bißchen weniger tragbar ist als vor seiner Vernunftbezeugung. Das ist ihm von seinen *Parteifreunden* inzwischen angekündigt worden. Claus Peymann, der Theaterdirektor, hat versprochen, Stuttgart zu räumen. Das ist ein Sieg der Flächenbrandstifter und Sumpfaustrockner.

Wer nicht mitrast, ist ein Verfassungsfeind. Ein Sympathisant! Oh, Sophokles! Oh, Peymann! Weh dir: *Da Frommes du verbrachst!*

Und in diesem Klima sprachen ruhiger und eher *für* die Vernunft: Helmut Schmidt, Heinz Kühn, Walter Krause, Heinz Oskar Vetter. Die Vorstellung, daß unsere Gesellschaft einmal nur vom Schaum vor dem Mund beherrscht werden könnte, wird jetzt die Schreckvorstellung bleiben. Weh dem, der anders denkt! das haben sie uns zugebrüllt. Es gibt tausend Wissenschaftler – jetzt meine ich nicht Historiker und Politologen –, die genau wissen, daß man diesem Verbrechen nicht in Exorzismus begegnen kann. Ich habe nicht gehört, daß die Wissenschaft hätte ein Wort sagen dürfen, als die Propagandisten der Sprach- und Denk- und Gefühlsregelung heißliefen. Ich habe um Fassung ringende Vernunftkraft bei Sozialdemokraten gesehen. Nicht daß einer so weit ging, den Schäumenden vorzurechnen, der Terrorismus in unserer Bundesrepublik sei entstanden aus den Protesten gegen den Vietnam-Krieg und den gesellschaftlichen Reaktionen auf diesen Protest. Daß auch Privatzeitungen, die sich für liberal halten, das allererste Urteil gegen Baader für ein Fehlurteil hielten, daß das nächste Urteil, das Mahler-Urteil, wieder ungerechter war als gerecht . . . das alles darf nicht mehr gesagt werden. Dazu ist es vielleicht schon zu spät. Ich hoffe, es sei noch zu früh. Vor allem ist den wirkliches Leid Tragenden dadurch nicht geholfen, daß man ihnen sagt, begonnen habe das alles mit harmloseren Taten, die wiederum provoziert worden seien, weil damals Napalm auf Frauen und Kinder geworfen wurde. Und ein Verbrechen ist auch dann noch eins, wenn man sich über seine Ursachen klar ist. Wer aber an der öffentlichen Meinung mitarbeitet, hat nicht das Recht zum Aufschrei, das der unmittelbar Betroffene hat; es ist das Peinlichste, den Politiker, den Publizisten zu erleben, wie er so tut, als ob; und dann sofort zu sehen, daß er doch nur SEINEN Zweck verfolgt. Das ist ein wahrhaft unsittlicher Anblick. Wer in einem solchen Augenblick öffentlich auftritt, hat die Pflicht, das Verbrechen für uns, für mittelbar Betroffene, für die Gesellschaft darzustellen. Den wirklich, den unmittelbar Betroffenen helfen auch die Propagandisten des Flächenbrandes und der Sumpfaustrocknung nicht. Die regen sich nur auf und kommen dann sofort zu ihrem Leib- und Magenthema: Hier ist zuviel Demokratie, zuviel Menschenrecht! Todesstrafe her, Sprachregelung her usw. Offenbar wollen sie den katastrophal zugespitzten Augenblick nutzen, Freiheitsrechte unserer Verfassung zu mindern. Das könnte einem bald vorkommen wie das Plündern während einer Katastrophe.

Sage mir, was du in einer Krise tust, dann weiß ich, wie ich mit dir dran bin. Die Sozialdemokraten haben der terroristischen Herausforderung gegenüber um eine öffentliche Fassung gerungen. Sie haben versucht, allen Verführungen zur Instinktentfesselung, zum Sichweiden, zum Sichtollfühlen, zum Auchdreinschlagenwollen zu widerstehen. Die Konservativen hätten – das bewies ein heißer Artikel Golo Manns ebenso wie die Forderung der Union nach Bundeswehr-Einsatz – genau das getan, was die Terroristen erreichen wollten: sie hätten Krieg gespielt. Ohne die Sozialdemokraten hätte ich mich den Aufputschern gegenüber ziemlich ohnmächtig gefühlt. Das muß ich sagen. Ich muß es sagen, obwohl die öffentliche Luft schon so vergiftet sein kann, daß es der Sozialdemokratischen Partei Deutschlands bei der von den Aufputschern und ihren Medien eingenommenen Bevölkerung zum Schaden gereichen kann, um ihrer Vernunftsbezeugung willen gepriesen zu werden.

Ich erwarte den Schmutz, der hier auf Andersdenken steht.

Günter Grass
Alfred Grosser
Fritz J. Raddatz

Gespräch über eine schwierige Nachbarschaft

Vorbemerkung der Herausgeber
Dieser Band ist unter großem Zeitdruck entstanden. Der Redaktionsschluß versperrte Günter Grass und Fritz J. Raddatz kategorisch die Mitwirkung. Wir haben darum ihr Zeit-*Gespräch hier übernommen und damit sehr gern in zwei Punkten unser Editionsprinzip durchbrochen: Gespräch statt Brief, Teilnahme eines Ausländers. In der Frage europäischer Liberalität gehört Alfred Grosser so sehr zu uns, daß wir uns freuen, ihn auch in diesem Band dabei zu haben.*

Raddatz: Es sieht so aus, als müßte man von einer eklatanten Verschlechterung der deutsch-französischen Beziehungen sprechen – vielleicht nicht im staatlichen Bereich, aber doch in dem, was man intellektuelle Moral oder intellektuellen Dialog nennen kann. Ein Indiz etwa ist – darin sind wir wohl einig – der törichte Artikel von Genet in *Le Monde* über die RAF, der seine Faszination von Blut und Gewalt offenbar werden läßt, wie stets in seinem Werk, das man im ganzen bewundern kann.

Wo liegen die Ursachen für eine so jähe Welle ungerechter Kritik?

Grosser: Ich möchte erst einmal verneinen, daß die Lage so ist, wie Sie sagen. Ich glaube, daß es in Frankreich tatsächlich im Falle Kappler, dann über das, was man die «Hitler-Welle» genannt hat, eine Reihe von meiner Meinung nach törichten Reaktionen gegeben hat, die dann aber von der deutschen Presse dramatisiert und hochgespielt worden sind. Um Ihr Beispiel zu nehmen: Der Artikel von Jean Genet ist zwar auf Seite eins erschienen, aber als

Diskussionsbeitrag eines freien Mitarbeiters. Einige Tage vorher stand am selben Platz ein sehr langer Bundesrepublik-Artikel von mir – der ich ständiger Mitarbeiter bin –, der von niemandem in der deutschen Presse in diesem Zusammenhang überhaupt nur erwähnt worden ist.

Grass: Aber, Herr Grosser, wir sprechen jetzt zwar bei der Zusammensetzung hier am Tisch zwar in erster Linie über deutsch-französische Verständnisse und Mißverständnisse, doch das, was zur Zeit passiert – und langsam auch wieder abebbt, vielleicht, weil man erschrocken ist über die Wirkung in den einzelnen Ländern –, betrifft ja nicht nur das Verhältnis Bundesrepublik – Frankreich. Das gleiche, zum Teil noch schlimmer, läßt sich von Italien sagen. Es gab schon seit Monaten ein Zunehmen der überbordenden und den Anlaß aus den Augen verlierenden Kritik von England her. In Skandinavien, in Schweden ist das seit Jahr und Tag zu beobachten.

Nun bin ich – und das trifft für andere Kollegen, Schriftsteller zu, die im Ausland ein gewisses Ansehen genießen, etwa Heinrich Böll, Siegfried Lenz – mit einer Situation konfrontiert, die nicht einfach ist: kritisch den Verhältnissen der Bundesrepublik gegenüber, aber doch zu diesem Land, zu dieser Verfassung stehend, mitbeteiligt an dem recht mühsamen Aufbau eines demokratischen Gefüges hier, und das alles immer wieder mit den Mitteln der Kritik, die wohl dazugehören, müssen wir oft nahezu pauschal solche pauschalen Ungerechtigkeiten verteidigen. Aber Sie wissen natürlich, daß das Problem jetzt größer ist als der Genet in *Le Monde* und die jetzt zu beobachtende Gegenreaktion. Ich frage mich nach den Gründen.

Man kann und soll nach den Erfahrungen zweier Weltkriege und nach den nicht zu übertreffenden Verbrechen – Auschwitz und was dazugehört – der Bundesrepublik oder insgesamt den Deutschen gegenüber mißtrauisch wach bleiben. Und wir Deutschen haben selber allen Grund, das zu tun. Aber man kann auch nicht verkennen, daß zumindest in der Bundesrepublik dreißig Jahre lang bei allen Verdrängungsversuchen der Vergangenheit dieses Thema bis in die junge, nach dem Krieg geborene Generation wachgehalten wurde im Gegensatz zu anderen Ländern.

Wenn ich mir überlege, wo zur Zeit in Europa die Gefahr eines – ich spare einmal das Wort Faschismus aus, das ist immer zu rasch bei der Hand –, einer aggressiven Rechtsbewegung am größten ist, dann sehe ich nach Italien oder England und sehe dort Probleme entstehen, die mich erschrecken.

Raddatz: Bis hin zum Rassismus ...

Grass: ... nur käme ich nie auf die Idee, deshalb zu sagen: England ist auf dem Wege zum Faschismus. Erstens, weil solche Kassandrarufe eher geeignet sind, einem den Faschismus in die Tasche zu reden. Und zum zweiten, weil ich der Überzeugung bin, daß England in seiner demokratischen Struktur stark genug ist, auch diese Belastung auszuhalten.

Woher nimmt man eigentlich das Recht, auch die moralische Berechtigung? Zum Beispiel in Frankreich bei so vielen verdrängten Kriegsverbrechen und Friedensverbrechen – Madagaskar, Algerien; Dinge, die ich jedenfalls als Ausländer immer ausgespart habe, weil ich meine, das ist Angelegenheit der Franzosen.

Aber wenn wir jetzt so sprechen, muß es einmal beim Namen genannt werden: Woher bezieht man die moralische Kraft, so vereinfachend von einer Gefahr in der Bundesrepublik zu sprechen? Ja, sie sogar nicht nur als Gefahr zu bezeichnen, sondern als sei das alles schon da.

Grosser: Zuerst einmal zu dem, was Sie von England sagten. Man müßte hier – in der Bundesrepublik – auch sagen, daß eben das Wort Faschismus in Frankreich schnell gebraucht wird auf der Linken, und nicht nur von der Bundesrepublik, zum Beispiel in den Berichten über eben die Rassenauseinandersetzung in England. Oder wenn unsere Polizei mal wieder Algerier verprügelt hat, so taucht für England und für Frankreich sofort der Begriff des Faschismus in der linken und der extremen linken Presse auf. Solche übertriebenen, ungerechten Anklagen sind auch auf Frankreich bezogen.

Die Tragödie der Bundesrepublik ist, daß alles, was in der westlichen Welt – ich betone westlichen – an Antideutschem übrigbleibt, sich auf die Bundesrepublik bezieht. Man ist in der westlichen Welt gegen die DDR, wenn man Antikommunist ist, aber nicht, wenn man antideutsch ist.

Und dadurch, daß die Bundesrepublik aufrichtig, ehrlich und gut die Haftung – nicht die Verantwortung – für die Vergangenheit übernommen hat – und das geht von Adenauers Israel-Vertrag bis zu Willy Brandts Niederknien in Warschau –, hat das teilweise noch mehr das Antideutsche auf die Bundesrepublik gezogen.

Hier muß, glaube ich, einiges gesagt werden eben über das französische Fernsehen. Durch die Berieselung mit einem Deutschlandbild der Jahre 1940/45 gibt es wenig über die Gegenwart, viel über die Vergangenheit.

Aber hier muß, glaube ich, auch dem deutschen Publikum gesagt werden – das ist kein Trost, sondern nur eine Erklärung –, das Antideutsche ist nur ein Randeffekt, es ist kein gewollter *Effekt.*

Raddatz: Sie sparen die Kollaboration aus.

Grosser: Ich spare die Kollaboration aus; ganz Frankreich fühlt sich im Rückblick im Widerstand.

Raddatz: Das waren die Jahre, wo auch ein Maurice Chevalier vor SS-Leuten gesungen hat.

Grosser: Doch, das erwähnt man immer mehr. Aber die französische Vergangenheitsbewältigung der Jahre 1941/45 ist noch nicht da.

Raddatz: Sie haben doch auch Ihre «Kappler!»

Grosser: Auf Kappler komme ich gleich. – Die Periode 1941/45 ist teilweise dargestellt worden: Wir waren alle Schweinehunde (das hat es auch gegeben) – wir waren alle Helden (das ist eine andere Lage). Aber diese Auseinandersetzung zeigt ununterbrochen: die deutschen dummen Besatzer, die von den schlauen französischen Widerstandskämpfern überlistet werden.

Und das ist verheerend.

Grass: Jetzt sind meine ältesten Söhne 20 Jahre alt. Die machen Autostopp wie ich seinerzeit. Viele sind nach dem Krieg geboren, 1957 geboren. Und die bereisen jetzt Europa und haben in nächster Zeit die Folgen dieser – ich kann es nicht anders ausdrücken – Hetze zu tragen. Deswegen frage ich: Warum das jetzt? Mit welchem Anlaß? Aus welcher moralischen Position tut man das?

Ich wage mir nicht auszumalen, wie eine Vielzahl von jungen Leuten, die viel ungeschützter als wir damals solch einem Chauvinismus, solch einer Bigotterie, Rechthaberei, moralischen Verurteilung ausgesetzt sind, reagieren wird. Ein Teil opportunistisch, selbst getroffen von den Ungerechtigkeiten unseres Landes, siehe Radikalenerlaß, siehe Einengung der liberalen, mühsam erkämpften Freiheiten, wird unsicher reagieren, recht geben, sich verunsichert fühlen. Ein anderer Teil – ich fürchte, der größere – wird nach rechts abrücken; wir erleben einen Rückfall in extreme Positionen.

Raddatz: Und zwar nach rechts wie nach links. Wir reden nicht jenseits von Zeit und Raum, sondern an einem bestimmten Datum heute in Bonn. Und da wird Herr Croissant in Frankreich ans Fernsehen gebeten. Das ist nur möglich innerhalb einer allgemeinen Sympathie. Sie tun Genet und Sartre ab, sie tun vielleicht auch das Croissant-Interview ab, aber dieses sind nur drei kleine Merkmale, Bojen auf einem großen Meer.

Grosser: Mit diesen drei Dingen fängt schon die Vergangenheitsbetrachtung der Schule an. Man regt sich in Frankreich über deutsche Schulbücher auf, die nicht genügend sagen über die Hitlerperiode; aber natürlich steht nicht nur über den Algerien-Krieg, sondern auch über die Algerien-Eroberung im 19. Jahrhundert so gut wie nichts in französischen Schulbüchern. Wir haben sogar ein Amnestiegesetz, das das anklagende Erwähnen von Namen – auf die Vergangenheit bezogen – als Vergehen darstellt.

Raddatz: Also der französische Kappler, den man nicht nennen kann.

Grosser: Wenn ich ihn nenne, kann er mich vor Gericht bringen, und ich muß beweisen, was ich sage, darf es aber nicht beweisen, weil die Fakten amnestiert sind, die Namen nicht genannt werden dürfen.

Raddatz: Tun Sie das trotzdem?

Grosser: Ich tue es trotzdem. Ich will nur daran erinnern, daß Mitterand Justizminister gewesen ist in der Regierung, unter der in Algerien gefoltert wurde. Und da gibt es ein gewisses gemeinsames Schweigen. Aber ich möchte auf die Frage nach den Ursachen mehr eingehen. Ihr Maßstab des politischen Gelingens ist ein anderer als bei uns. Die Bundesrepublik ist aufgebaut auf eine doppelte gesunde Ablehnung, die der nazistischen Vergangenheit und die der totalitären Gegenwart im Osten. Das Kriterium des Gelingens des Staates und der Demokratie ist weitgehend auf diesem Gebiet zu suchen. Man ist in einer guten Lage, wenn man pluralistisch ist, wenn man demokratische Einrichtungen hat usw.

In Frankreich liegt die Beurteilung des Gelingens nicht auf diesem Gebiet. Das gilt als das normal Gegebene. Man beurteilt auf der Linken nach gesellschaftlicher Gerechtigkeit. George Marchais spricht auf dem Gebiet der Demokratie und der Grundfreiheiten dieselbe Sprache wie Helmut Kohl und nicht wie die DKP. Worauf sieht man dann? Auf den Begriff des Kapitalismus, auf die Ungerechtigkeit der Sozialstruktur, auf all das, was in der deutschen Krise heute nebensächlich ist, nicht betont wird und für mich als zu nebensächlich abgetan wird. Wenn ich zum Beispiel an die ganz hervoragende Rede von Helmut Schmidt in der Terrordebatte letzte Woche im Bundestag denke: Bis zum Schlußsatz finde ich die Rede phantastisch. Der Schlußsatz – für französische Augen – ist eine Rechtfertigung des Sozialkonservatismus: Es ist die beste Gesellschaft, der beste Staat, den ihr Jugendlichen je gehabt habt.

Raddatz: Ist es nicht so?

Grosser: Ja! Kann man dabei stehenbleiben? Denn das ist eine Rechtfertigung – für mich politisch gesehen – des ständigen Drukkes, den die CDU auf die SPD ausübt.

Raddatz: Zu den Ursachen zurück, Herr Grosser; die sozialen Absicherungen sind in der Bundesrepublik viel stärker als in Frankreich.

Grosser: Und Sie vergessen, daß heute 53 Prozent der Franzosen – vielleicht werden es in drei Wochen nur noch 48 Prozent sein – überzeugt sind, daß die französische Gesellschaft noch viel ungerechter ist als die deutsche. Und deswegen wählen sie links.

Raddatz: Woher kommt aber dann das schlechte Urteil über die Verhältnisse in der Bundesrepublik? Diese große – das Wort, das ich ungern benutze – Sympathisantenszene oder doch Sympathiewelle? Das ist das, was man hier ultralinks, linksradikal nennt.

Grosser: Bitte sprechen Sie nicht wie *Die Welt*! Was Sie eben gesagt haben, ist genau *Die Welt*: Sympathie für Linke ist Sympathie für Terrorismus. Dem möchte ich widersprechen.

Raddatz: Beides ist in Frankreich zu sehen.

Grosser: Sogar unsere extremen Linken haben den Terror in der Bundesrepublik in scharfer Form verurteilt, genauso scharf wie die Leute, die Sie in der letzten Nummer der *Zeit* gedruckt haben.

Raddatz: Gibt es eine Verurteilung der Exil-Existenz von Croissant in der Öffentlichkeit?

Grosser: Sogar der Haftbefehl – den ich gesehen habe, denn die Polizei war bei mir – spricht von einer vorläufigen Verhaftung des Anwalts, bis Beweise geliefert werden können. Sie können der französischen Öffentlichkeit nicht sagen, daß Beweise, wenn sie die Bundesrepublik selbst nicht schickt, vorliegen, daß er auftritt, als sei er Andreas Baader.

Grass: Mein Eindruck ist der – ich mag mich irren, aber alles spricht dafür –, daß die Verfolgung von Croissant sehr lässig betrieben wird. Ich möchte aber auf den Satz von Helmut Schmidt zurückkommen. Natürlich kann man diesen an sich richtigen Satz kritisieren, es habe noch nie eine so gute Verfassung gegeben.

Grosser: Nein, damit bin ich einverstanden!

Grass: Zur Zeit ist ja die Gefahr wohl die, daß das, was mühsam errungen wurde an liberaler Rechtsstaatlichkeit, unter dem Druck des Terrorismus, unter dem Druck einer unausgewogenen öffentlichen Meinung, unter dem Druck der Opposition und angesichts einer nur noch defensiv reagierenden Regierungsmehrheit insgesamt, daß diese liberalen Rechte, die mühsam erkämpft wurden, Stück für Stück aufgegeben werden. Das halte ich, was die Bundesrepublik betrifft, für einen gefährlichen – und Sie wissen, Herr Grosser, daß ich nicht zu Kassandrarufen neige –, für einen Erosionsprozeß. Ich meine, daß diese Theorie der «besten aller Welten» die junge Generation nicht mehr erreicht. Diese jungen Leute sind fluchtbereit in alle möglichen Dinge, ob das Drogen sind oder eine für unser Gehörempfinden zu laute Musik, um in einem Raum zu sein, der sie abkapselt. Sie sind nicht mehr motiviert, nicht mehr ansprechbar. Und diese Situation ist an sich brisant genug. Eine unmotivierte junge Generation ist eine Einladung für Demagogen, ganz gleich welcher Richtung. Und in diese Situation kommen die verhängnisvollen, unmotivierten, für mich völlig unbegreiflichen Rückfälle in ein Feindbild, das ohne Grundlage ist.

Grosser: Hier komme ich zu meinem Hauptpunkt, die eigentliche Diskrepanz zwischen französischer und deutscher Öffentlichkeit. Man kann weitgehend verallgemeinern, und ich beklage beides: daß man in Frankreich zu wenig an Ost-West-Konflikte und -Auseinandersetzungen denkt und immer mehr von Nord-Süd spricht und in der Bundesrepublik nur auf Ost-West festgefahren ist und so gut wie gar nicht an Nord-Süd denkt.

Und wenn das Wort soziale Gerechtigkeit und soziales System in Frankreich erwähnt wird, so bedaure ich, daß für Millionen junger Franzosen das Wort Chile auftritt und nicht das Wort DDR. Aber wenn ich in der Bundesrepublik bin, bedaure ich, daß der baden-württembergische Innenminister chilenischen Flüchtlingen das Asylrecht verweigert, weil sie Marxisten seien. Oder nehmen Sie das Beispiel der katholischen Kirche: Für einen deutschen Bischof ist ein Sozialdemokrat gerade noch tragbar, für einen französischen Bischof ist ein Arbeitgeber gerade noch tragbar als Christ.

Raddatz: Ich will versuchen, sozusagen umgekehrt eine Frage an Günter Grass zu richten: ob es nicht auch so ist, daß wir aus dieser vehement ungerechten Kritik auch für uns ein bißchen lernen sollten. Denn in der Tat ist es doch so, daß inzwischen auch hier die große Gefahr eines Abbaus von Ziel und Moral der Bürgerrechte besteht, ein anderer Erosionsprozeß stattfindet.

Ich habe Dutzende solcher Fälle vorliegen, von jungen Lehrern irgendwo in Bayern, die nichts als gegen den § 218 protestiert haben oder die in Amnesty International arbeiten und einen Carl-von-Ossietzky-Club gegründet haben, was heute so weit führt, daß diese Leute nicht in ihre Berufe hineinkommen. Wir kennen solche Beispiele alle. Wir wissen aber eben auch, wie weit sich dieser Krebs oder Pilz einfrißt in die Denk- und Moralstruktur von irgendwelchen Amtswaltern.

Grass: Das ist richtig. Wir brauchen diese Kritik der Nachbarn, nicht nur im Ausland.

Grosser: Aber das ist eben das schwierige. Wenn so etwas in der Bundesrepublik passiert, ist das natürlich der Beweis, «wie schlecht» die Bundesrepublik ist.

Grass: Das Ganze ist nicht nur dumm, es ist gefährlich. Es hat mit Faschismus überhaupt nichts zu tun. Es setzt eine Bürokratie in die Welt, die selbsttätig wird, jeden Tag ihren Beweis erbringen muß wie jede Bürokratie auf der Welt. Und das allerschlimmste: Es hilft nicht gegen den Terrorismus, es fördert ihn.

Aber wenn man kritisch auf uns hinweis, soll man nicht immer den großen Faschismusknüppel aus dem Sack holen, sondern sagen: Freunde, was macht ihr? Ihr wollt euch schützen; das wollen wir auch, aber ist das die richtige Methode? Wäre es nicht in der jetzigen Situation richtig, diesen ganzen unseligen Radikalenerlaß ersatzlos zu streichen, die Mittel und das Personal, die festgelegt werden, endlich zu verwenden, um an den Schwerpunkten, nämlich dort, wo der Staat gefährdet ist durch Terrorismus, eine vernünftige Personalpolitik zu betreiben? Wir haben in der Bundesrepublik an die 200000 jugendliche Arbeitslose ohne Ausbildungsstätte; in Frankreich, glaube ich, sind es noch mehr, in Italien ist die Zahl erschreckend, in England sowieso. Das Problem geht alle Länder an. Was wir in der Bundesrepublik erleben, ist ein Boykott der Wirtschaft, der Arbeitgeber im Großverband gesehen, dieser Anforderung gegenüber. Das sind politische Gründe.

Aber den Schaden insgesamt werden alle tragen müssen, auch die, die jetzt in der Opposition sind und nicht in der Lage zu sein scheinen, Opposition auf demokratische Art zu betreiben. Der Schaden ist voraussehbar. Diese 200000 jungen Menschen ohne Motivation, ohne Möglichkeit, sich selbst zu erproben in einem Beruf ihrer Wahl – und sei es ein enges Feld –, sind das nächste Potential für die Terroristen, nicht nur für die Linken. Mit links hat das schon gar nichts mehr zu tun.

Grosser: Ich bin beinahe einverstanden mit Günter Grass. Alles, was er über den Radikalenerlaß sagt, versuche ich in der Bundesrepublik seit Jahren zu verkünden. Aber ich bin in einem Punkt sehr anderer Meinung. Das ist, wenn Günter Grass ungefähr sagt, es wäre ein leichtes, wenn die Arbeitgeber nicht wären, den jungen Menschen Arbeit zu verschaffen.

Grass: Nicht ein leichtes, wäre möglich!

Grosser: Der Wille genügt eben nicht. Mindestens die Hälfte von Frankreich – wenn nicht mehr, es geht bis weit rechts – bezweifelt, daß die bundesdeutsche Gläubigkeit an den Marktmechanismus, die jede Woche in der *Zeit* zum Ausdruck kommt, genügt: zumal wenn man sieht, daß, wenn ein Gewerkschaftsführer in der Bundesrepublik sagt, «stimmt denn an der gesamten Struktur der Wirtschaftsmacht etwas nicht?», der sofort als furchtbar Linker verschrien wird; wenn man sieht, daß, wenn überhaupt von Investitionslenkung vom Staat gesprochen wird, *Die Zeit* aufschreit.

Grass: Der Wirtschaftsteil der *Zeit*!

Grosser: Aber ich möchte, daß das gedruckt wird! Denn in Frankreich ist vor ein paar Wochen die Stahlindustrie wieder einmal in einer Krise gewesen, hat vom Staat wieder einmal Geld gefordert. Und der Staat hat zum erstenmal gesagt: Dann will ich auch jemand von mir im Aufsichtsrat haben, um zu sehen, was mit dem Geld gemacht wird. Ganz Frankreich – ich habe keine Gegenstimme gehört – hat aufgeatmet: Endlich! – Alle deutschen Zeitungen, die ich gelesen habe und die davon gesprochen haben, haben gesagt: Fürchterlich.

Grass: Ich habe nicht ganz verstanden, wieso Sie mir in diesem Fall widersprechen. Ich stimme Ihnen zu, aber ich gehe von der

Tatsache aus, daß 200000 arbeitslose Jugendliche das nächste Potential für Erwachsenenterror darstellen.

Grosser: Natürlich, die Frage ist nur: Wie kann man es verändern? Und wenn ich sage, daß in der *Zeit* mein Kollege Kurt Sontheimer sofort erzürnt, wenn in der FDP die Frage auftaucht, «geht das allein mit dem freien Spiel der Kräfte?», wohingegen in Frankreich bis weit nach rechts die Antwort auf die Frage nein heißt, dann ist das eine Diskrepanz.

Raddatz: Ich will die Frage ein Stück weitertreiben, die ein bißchen wegführen mag von dem Verhältnis Deutschland–Frankreich. Der Begriff «Hitlers Children», geprägt durch ein zuverlässiges, aber ansonsten banales Buch, ist mißverständlich. Sie meint ja wohl unaufgearbeitete Vergangenheit in Deutschland. Deswegen Gegenwart. Deswegen Susanne Albrechts: «Ich war es satt, Kaviar zu fressen!»

Grass: Vor einem Jahr war ich in Holland, in Amsterdam, kam in die Universität – das war kurz nach dem Selbstmord von Ulrike Meinhof – und sah dort Plakate mit ihrem Foto und in holländischer Sprache die Unterschrift «Gefallen im Kampf gegen den Faschismus». Das ist die Beleidigung aller Menschen, die wirklich im Kampf gegen den Faschismus gefallen sind. Das ist aber kein Einzelfall. Ich nenne das als ein Beispiel, weil wir jetzt nur über Frankreich sprechen. Das ist eine Rundumeinstellung – ich sage bewußt «Rundumeinstellung» –, die bei den Deutschen einen fatalen Zug wieder fördert: Einsam stirbt der Wandersmann, wir verlassen von aller Welt, wir Deutschen – wieder einmal. Da kommt diese Art von Ressentiments hoch, da greift eins ins andere, unentwirrbar. Und es entsteht eine Situation, vor der ich mich fürchte.

Anhang

Positionen

Erklärung der Humanistischen Union

An den
Herrn Bundespräsidenten
Walter Scheel
Adenauer-Allee 135

5300 Bonn

Stuttgart, den 9. September 1977

Sehr geehrter Herr Bundespräsident,

dieser Brief wurde vom Vorstand der Humanistischen Union vor dem Blutbad in Köln formuliert und verabschiedet. Wir sind der Auffassung, daß der Brief durch die jüngsten Ereignisse eine von uns unerwartete besondere Bedeutung erhalten hat.

Seit 1971 wird zur Bekämpfung des Terrorismus der sowohl vom Wort her als auch unter juristischen Kategorien unpräzise Begriff des Sympathisanten verwandt. Zwar grenzen sich verantwortungsbewußte Politiker, Beamte und Publizisten auch heute noch hier und da von dem Begriff ab. Dennoch ist das Wort «Sympathisant» zu einem Kampfbegriff in der politischen Auseinandersetzung geworden und zu einem Instrument, das dazu dient, politische Gegner zu stigmatisieren, und das – das ist unsere These – mehr dazu beiträgt, die «Terrorszene» auszuweiten als einzugrenzen.

Die Humanistische Union hält eine rationale Überprüfung des Sympathisantenbegriffs für geboten und bittet Sie – eventuell nach Anforderung von Stellungnahmen der verantwortlichen Instanzen – einen Beitrag zur Abschaffung dieser Kategorie im offiziellen Sprachgebrauch der Staatsorgane zu leisten und damit der gegenwärtigen Vergiftung des politischen Klimas entgegenzutreten. Es darf nicht dazu kommen, daß aus Berührungsangst die geistige Auseinandersetzung mit gefährdeten jungen Leuten unterbleibt. Das Wort «Sympathisant» ist als Bezeichnung gewählt worden, um die angebliche oder tatsächlich vorhandene Operationsbasis von Terroristen in der Bevölkerung zu fassen. Dabei wird der Anspruch der Terroristen, als Stadtguerilla zu kämpfen, unbesehen übernommen. Solche «Partisanen», so heißt es, können nur dann erfolgreich operieren, wenn ein Teil der Bevölkerung sie unterstützt. Der Kampf gegen «Sympathisanten» soll das Wasser ableiten oder austrocknen, das Terroristen «wie Fische» brauchen. Schon vor fünfeinhalb Jahren konnte man in diesem Sinne in der *Frankfurter Allgemeine Zeitung* (21. Januar 1972) lesen, die Sympathisanten sind «der bisher noch viel zu selten genannte harte Kern des Problems».

In der Konzentration auf die Bekämpfung sogenannter Sympathisanten als Voraussetzung für eine Beendigung des politischen Terrorismus wurden nicht nur die politisch-gesellschaftlichen Ursachen dieses internationalen Phänomens ausgeklammert, sondern auch die Möglichkeit einer grundsätzlichen Veränderung der Taktik der Terroristen. So registrierte der Präsident des Bundeskriminalamtes, Horst Herold, bereits vor einem Jahr ein «Ausweichen» der Terroristen ins Ausland (*Die Polizei* 12/1976); in der *Frankfurter Allgemeinen Zeitung* (2. August 1977) wurde die These vertreten, daß die Terroristen eine «Strategie der verbrannten Erde» betreiben, das heißt, wie andere kriminelle Organisationen auch ohne Unterstützung in der Bevölkerung auskommen und von Stützpunkten im Ausland operieren.

Eine rationale Überprüfung des Sympathisantenbegriffs muß die Möglichkeit einer solchen «Strategie der verbrannten Erde» in die Untersuchung einbeziehen. Zu fragen ist auch, ob das Terrorismusproblem mit einer Verschwörungstheorie zu fassen ist. Die Humanistische Union will in diesem Schreiben auf einen anderen Gesichtspunkt hinweisen:

Der Sympathisantenbegriff wird in der Bundesrepublik seit 1971 verwendet. Seit beinahe sechs Jahren wird mit diesem Begriff eine Strategie der Bekämpfung des politischen Terrorismus verbunden. Nach so langer Zeit ist es zumindest geboten, eine solche Strategie zu überprüfen. Die Humanistische Union ist der Auffassung, daß die mit dem Sympathisantenbegriff verknüpfte Strategie gescheitert ist und zugleich zu einer Vergiftung des politischen Klimas in der Bundesrepublik geführt hat. Diejenigen, die morden, Geiseln nehmen, Bomben legen und Banken überfallen, sind nicht in die Isolierung gedrängt worden, sondern haben durch eine verfehlte Abstempelung junger Leute neue Aktivisten und neue Helfer erhalten.

Die Gründe des Scheiterns dieser Strategie sind unseres Erachtens folgende:

1. Beim Sympathisantenbegriff wird nicht unterschieden zwischen denjenigen, die sich durch Attentate oder ähnliches strafbar gemacht haben, solche Straftaten aktiv unterstützen, dazu auffordern oder solche Straftaten billigen, und jenen, die auf Grund rechtsstaatlicher Erwägungen für einen fairen Prozeß – ohne Verurteilung im voraus – und für strikte Einhaltung der auch für die Gegner der Verfassung geltenden Verfahrensgrundsätze eintreten oder die aus Sensibilität Mitleid haben (Sympathie) nicht nur mit den Opfern des Terrorismus, sondern die auch gegenüber den Akteuren selbstverschuldeter Verstrickung Humanität wahren wollen. Politiker, Instanzen der Strafverfolgung und Publizisten verkennen oder verwischen bewußt den Unterschied zwischen politischer Solidarität mit den terroristischen Straftätern und dem Plädoyer, daß auch für solche Täter die rechtsstaatlichen Schutzpositionen gelten müssen und auch für sie Menschenwürde und Humanität zu wahren ist. Das führt

dazu, daß in den Medien gegenwärtig die Rede ist von 15 000 «Sympathisanten», während das Bundeskriminalamt die Zahl der Gewalttäter und ihrer aktiven Helfer mit 1200 bis 1500 angibt. Der unpräzise Sympathisantenbegriff macht «Übertreibungen» (*Die Zeit*, 19. August 1977) möglich und führt dazu, daß sich der «harte Kern» bestärkt fühlen kann.

Der Anwalt, der darauf besteht, daß auch gegenüber Terroristen (wie bei anderen Taten) Motive berücksichtigt werden und der «politische Motive» zur Verteidigung vorträgt, ist kein «Sympathisant»; er wirbt weder für eine kriminelle Vereinigung noch unterstützt er eine solche. Wer öffentlich durch Unterschriften, Demonstrationen oder Eingaben für die Wahrung der in Verfassung und Gesetzen festgelegten Verfahrensvorschriften eintritt oder wer vor der Preisgabe rechtsstaatlicher Errungenschaften des Strafprozesses warnt, ist kein «Sympathisant» und leistet keine Beihilfe. Wer Menschlichkeit auch gegenüber Akteuren selbstverschuldeten Leidens wahrt, ist kein «Sympathisant» und kein Förderer der Position der Terroristen. Mitgefühl und Protest gegen Rechtsverletzungen können dem Terrorismus nur dann und so lange nützen, wie jeder, der für die Position des Rechtsstaates und für Humanität auch gegenüber Terroristen eintritt, zum «Sympathisanten» gestempelt werden kann. Der falsche Begriff verleitet die Terroristen zu dem falschen Eindruck, ihre Ziele und Methoden fänden verbreitet Zustimmung.

2. Beim Sympathisantenbegriff wird von den für Terroristenbekämpfung zuständigen Instanzen nicht genügend unterschieden zwischen denjenigen, die als Terroristen Gewalttaten begehen und jenen, die solchen Terror eindeutig ablehnen, aber beispielsweise gesellschaftliche Veränderungen für zwingend notwendig halten oder zum symbolischen Akt der Besetzung von Häusern oder Bauplätzen greifen (in der Meinung, nur dadurch ein öffentliches Übel öffentlich bekannt machen zu können). Angehörige von Gruppierungen, die sich zwar als revolutionär verstehen, aber jedes Gewaltverbrechen entschieden ablehnen, oder Buchhändler, die zum Beispiel Literatur der revolutionären Arbeiterbewegung verkaufen oder die Texte anbieten, in denen von «Gegengewalt» die Rede ist, werden immer häufiger zu «Sympathisanten» gestempelt und in Fahndungsaktionen einbezogen. Zwar muß jedem Tatverdacht nachgegangen werden. Doch wenn in solchen Fällen bei Hausdurchsuchungen nicht die Mindestanforderungen rechtsstaatlicher Ermittlung und Fahndung gewahrt werden und Türen und Einrichtungsgegenstände unnötig zerschlagen werden, dann ist das objektiv geeignet, aus unschuldigen Betroffenen heimliche Befürworter des Terrorismus zu machen.

Terrorismusbekämpfung muß scheitern, wenn sie auf Grund falscher Kategorien mit dem Kampf gegen alles, was als links gilt, verbunden wird.

3. Der unscharfe Sympathisantenbegriff macht es seit sechs Jahren möglich, die Auseinandersetzung mit tatsächlichen Helfern und Förde-

rern der Terroristen auszunutzen zu politischer Agitation und zur Denunzierung des politischen Gegners. Aus agitatorischen Gründen wird von Politikern und Journalisten ohne Gefühl für die gefährlichen Konsequenzen behauptet, die Unterstützung der Gewalttäter reiche bis in die Reihen der Koalitionsparteien. Seit Jahren muß die SPD das «Baader-Meinhof-Etikett» (*Die Welt*, 5. Februar 1972) fürchten. Leute wie Heinrich Albertz, Heinrich Böll oder Helmut Gollwitzer, die alle viel dazu getan haben, unter Linken falsche Solidarität mit Gewalttätern zu verhindern, müssen dazu herhalten, um die angeblichen Zusammenhänge zwischen Sozialisten und Terroristen zu belegen.

Der Sympathisantenbegriff wird zu Agitationszwecken immer mehr ausgeweitet. Es gibt inzwischen publizistische Angriffe, die den Kernbereich des Rechtsstaates in Frage stellen. So schreibt Friedrich Karl Fromme in der *Frankfurter Allgemeinen Zeitung* (2. August 1977): «Diese Sympathisanten, die nie einem Terroristen Nachtlager und Reisegeld gegeben haben, sind die wirklich gefährlichen. Sie haben zwar ‹nichts getan›, sie haben nur ihre Meinung gesagt, sie haben nur nachgedacht.» Diejenigen, die «das Strafrecht und sogar das Disziplinarrecht zu achten» gewöhnt sind, nichts «zu tun haben mit einer ‹Sympathisantenszene›», die den «Mord an Ponto nicht verherrlichen, aber die ihn auf umwegige Weise als subjektiv verständlich und damit auch objektiv jedenfalls verstehbar darstellen könnten». «Sie können dafür.» – Hans Habe fordert in der *Welt am Sonntag* (7. August 1977) den «Kampf gegen die Sympathisanten»; die Terroristen «zu jagen, als handelte es sich um triviale Fassadenkletterer, ist vollkommen sinnlos, solange sich ganze deutsche Hochschulen in den Händen der marxistischen Staats- und Gesellschaftsfeinde befinden . . . Wer auf die Spitze des Eisbergs zielt, kann ebensogut auf den Jahrmarkt gehen und auf Papierrosen zielen. Der Eisberg sind die Sympathisanten.»

In einer Göttinger Studentenzeitung erschien jener *Mescalero*-Artikel, der von Studenten, Hochschullehrern und von einem Gericht als Absage an den politischen Terrorismus verstanden wurde und der in einem auf den Adressatenkreis möglicher Terroristen abgestellten Jargon im Ergebnis Gewalttaten verurteilt. Unbeanstandet blieb, daß Zitate aus diesem Artikel sinnentstellend wiedergegeben wurden, so daß sie als Aufforderung zum Mord oder zur Geiselnahme mißdeutet werden konnten. Wer dieser Fehldeutung und der dadurch möglichen Verbreiterung der Terroristenszene durch die vollständige Veröffentlichung des Textes entgegentrat, wurde hingegen als Lobredner des Terrors und des Mordes beschuldigt oder sogar disziplinarrechtlich belangt. Wenn der Präsident des Bundeskriminalamtes, Horst Herold, eine starke Zunahme der Terroristen- und Sympathisantenszene in den letzten Monaten meint feststellen zu können, dann ist zu prüfen, ob nicht auch die unspezifizierte Hatz auf «Sympathisanten» dazu beigetragen hat.

Wenn es das vordringlichste Ziel ist, dafür zu sorgen, daß dem Terrorismus in der Bundesrepublik ein Ende gesetzt wird, dann ist es geboten, zugunsten dieses Ziels die Verfolgung und Diffamierung derjenigen abzubrechen, die ohne Gewalt und Blutvergießen die Gesellschaft verändern wollen. Jeder macht sich in der gegenwärtigen Situation schuldig, der die Morde in Berlin, Stockholm, Karlsruhe und Oberursel zur Agitation oder zur Abrechnung mit einem politischen Gegner benutzt.

Der Sympathisantenbegriff ist unscharf und beliebig erweiterbar. Selbst der Kritiker des Sympathisantenbegriffs und der Sympathisant des Sympathisanten kann zum «Sympathisanten» gestempelt werden. Mit dieser Kategorie wurde das Tor aufgestoßen zu ungerechtfertigten Verdächtigungen. Der Sympathisantenbegriff ist geeignet, die Struktur der Bundesrepublik Deutschland als eines demokratischen Verfassungsstaates, der auf der strikten Einhaltung rechtsstaatlicher Prinzipien beruht, auszuhöhlen und umzuwandeln in einen anderen Staat, in dem Denken und bloßer Kontakt – unabhängig von der Absicht zu existenzbedrohenden Sanktionen führen kann.

Die Geschichte zeigt, daß auch ein Staat, der wichtige rechtsstaatliche Prinzipien aufgibt, nicht gegen Terrorismus gefeit ist, sondern umgekehrt gerade diejenigen produziert, die Attentate als Politik ausgeben. In diesem Zusammenhang erinnert die Humanistische Union an die historischen Erfahrungen sozialer Bewegungen. Wo solche Bewegungen – wie etwa auch die bürgerlich-demokratische – nicht aktiv um reale Alternativen kämpfen konnten, wurden sie in den Untergrund gedrängt. Damit wächst die Gefahr, die angestrebten Ziele gewaltsam erreichen zu wollen.

Das beste Rezept gegen Terrorismus ist eine offene und zum Dialog fähige Gesellschaft. Es muß in der Bundesrepublik möglich sein, ohne Berührungsangst mit möglichen Terroristen zu reden, ehe sie zu jenen stoßen, die Morden für ein Mittel der Politik halten.

Die Humanistische Union ist der Auffassung, daß Sie, Herr Bundespräsident, das Gewicht Ihres Amtes und das Ansehen Ihrer Person in diesem Sinne einsetzen sollten für die Bewahrung der politischen und geistigen Freiheit in der Bundesrepublik Deutschland.

Mit freundlichen Grüßen
Für den Bundesvorstand der
Humanistischen Union
Dr. Charlotte Maack
Vorsitzende

P. S. Wir glauben, Ihr Verständnis voraussetzen zu können, wenn wir diesen ein so wichtiges öffentliches Thema betreffenden Brief in einer Kopie auch dem Bundeskanzler zuschicken und in angemessener Frist der Öffentlichkeit bekannt machen.

Erklärung des Rates der Evangelischen Kirche in Deutschland zum Terrorismus in unserem Land: Wir alle sind an Versäumnissen beteiligt

Die Evangelische Kirche in Deutschland bejaht den Staat, in dem wir leben. Die durch den Terror ausgelöste allgemeine Verunsicherung kann zu maßlosem Zorn oder zu tiefer Resignation führen. In dieser Situation bekennen wir uns zum fünften Satz der Barmer Theologischen Erklärung von 1934, in dem es heißt: «Die Schrift sagt uns, daß der Staat nach göttlicher Anordnung die Aufgabe hat, in der noch nicht erlösten Welt, in der auch die Kirche steht, nach dem Maß menschlicher Einsicht und menschlichen Vermögens unter Androhung und Ausübung von Gewalt für Recht und Frieden zu sorgen. Die Kirche erkennt in Dank und Ehrfurcht gegen Gott die Wohltat dieser seiner Anordnung an. Sie erinnert an Gottes Reich, an Gottes Gebot und Gerechtigkeit und damit an die Verantwortung der Regierenden und Regierten. Sie vertraut und gehorcht der Kraft des Wortes, durch das Gott alle Dinge trägt.»

Mord und erpresserische Gewalttätigkeit, die den Verlust von Menschenleben zynisch einkalkuliert, sind durch nichts, unter keinen Umständen und mit keiner wie auch immer gearteten Zielvorstellung zu rechtfertigen oder zu verharmlosen. Durch die jüngsten Terrorakte sind in der Person der Opfer Staat und Gesellschaft selbst betroffen. Wir alle sind darum verpflichtet, das uns Mögliche zur Aufklärung der Verbrechen beizutragen und einer weiteren Eskalation des Terrors entgegenzuwirken.

Nur ein starker Staat kann ein liberaler Staat sein. Stark aber ist der Staat in erster Linie durch die gemeinsamen Überzeugungen und Wertvorstellungen seiner Bürger. Die Verpflichtung auf die unserer gesellschaftlichen Ordnung vorgegebenen Werte bildet die Grundlage unserer politischen Existenz und ermöglicht den weiten Raum der Freiheit, in dem Menschenrecht und Menschenwürde beheimatet sind. Diese Grundlage der Freiheit bestimmt aber auch deren strikt zu wahrende Grenze. Dem tragen Gesetzgebung und Polizeigewalt in unserem Land angemessen Rechnung.

Wir sind uns bewußt, daß die politische Führung unseres Staates angesichts der erpresserischen Geiselnahme vor einer äußerst schwierigen Entscheidung steht. Auf der einen Seite hat der Staat die Aufgabe, Leben zu schützen. Auf der anderen Seite ist zu fragen, ob die Erfüllung der Forderungen nicht zu weiteren Mordtaten führt. Auf diese Frage gibt es keine prinzipiell richtige oder falsche Antwort. Hier sind die Verantwortlichen vor letzte Gewissensentscheidungen gestellt. Wir versichern sie in dieser Situation unserer Bereitschaft, ihre Entscheidungen mit Vertrauen aufzunehmen, und rufen dazu auf, auch die Folgen gemeinsam zu tragen.

Bei vielen Bürgern ist heute das Verhältnis zu Staat und Gesellschaft gestört. Dies wird nur vordergründig durch Wohlstands- und Fortschrittsoptimismus verdeckt und verlangt nach einer geistigen und moralischen Orientierung. Begriffe wie Lebenssinn und Lebensstil sind von uns allen mit neuem Inhalt zu erfüllen. Persönliches Vorbild und die Bereitschaft, Verantwortung zu übernehmen, werden auf der jungen Generation, die durch den Verlust verbindlicher Worte und Angst vor der Zukunft verunsichert ist, Halt und Hoffnung geben.

Das Aufkommen des Terrorismus in unserem Land weist auf Versäumnisse und Fehlentwicklungen hin, an denen alle Gruppen unserer Gesellschaft beteiligt sind. Auch die Evangelische Kirche bekennt ihre Mithaftung am Geschehen dieser Wochen. Wir sind dem einseitig konfliktbetonten Verhalten in unserer Mitte nicht deutlich genug entgegengetreten und haben Gebot und Verheißung Gottes nicht klar genug verkündigt. Der Glaube an Gottes neuschaffende Vergebung muß von allen in überzeugende Taten solidarischer Mitverantwortung umgesetzt und in einem weltweiten Eintreten für Recht und Würde des Menschen verwirklicht werden.

Die Antwort der Christen auf die Herausforderung durch den Terrorismus ist das Gebet und das Tun dessen, was recht ist. Wir rufen daher alle Glieder unserer Kirche auf, in der Fürbitte nicht nachzulassen. Sie gilt den Opfern der Gewalt und den in ihrem Leben Bedrohten, daß die Barmherzigkeit Gottes sie umfange. Sie gilt den Angehörigen der Ermordeten, daß sie Trost und neue Hoffnung finden. Unsere Fürbitte umfaßt auch die Politiker, Polizisten und Beamten unseres Staates, die schwerwiegende Entscheidungen zu fällen und auszuführen haben. Sie erstreckt sich aber auch auf alle, die in Haß und Fanatismus verblendet sind, daß Gottes Menschenfreundlichkeit ihre Menschenverachtung überwindet und sie aus der Verstrickung in das Böse befreit.

Die Evangelische Kirche in Deutschland weiß sich mit den Christen in aller Welt darin verbunden, Jesus Christus als Gott und Heiland aller Menschen zu bekennen. Sie ist insbesondere auch mit der europäischen Christenheit in der Gemeinschaft eines geschichtlichen Erbes vereinigt. In dieser Verbundenheit bitten wir die Nichtchristen in aller Welt, um Gottes willen im Einsatz für Recht, Freiheit und Frieden zusammenzustehen. Die Erde darf nicht der Unbewohnbarkeit, die Menschheit nicht dem Chaos preisgegeben werden. Der christliche Glaube verbindet nüchterne Welt- und Lebensorientierung mit der zuversichtlichen Hoffnung auf das Kommen des Reiches Gottes und den Mut, den jeweils notwendigen Schritt entschlossen zu tun. (epd/FR)

Bonn, den 16. 9. 1977

Erklärung von Hochschullehrern und wissenschaftlichen Mitarbeitern anläßlich der Entführung von Hanns-Martin Schleyer

Die Morde an Siegfried Buback und seinen Begleitern, an Jürgen Ponto und den Begleitern von Hanns-Martin Schleyer sowie dessen Entführung veranlassen uns, als Hochschullehrer und wissenschaftliche Mitarbeiter öffentlich Stellung zu nehmen. Wir äußern uns, weil wir glauben, daß die Hochschulen zum politischen Terrorismus zu lange geschwiegen haben und weil zunehmend der Eindruck erzeugt wird, daß die Hochschulen den geistigen Nährboden für den Terrorismus abgeben. Wir erklären deshalb:

1. Wir verurteilen die Morde und die Entführung und sehen in ihnen niederträchtige Anschläge auf die politischen und moralischen Fundamentalprinzipien unseres gesellschaftlichen Zusammenlebens. Wir lehnen Gewaltanwendung als Mittel der politischen Auseinandersetzung in der Bundesrepublik ab.

2. Wir werden uns verstärkt mit all jenen Konzeptionen politisch und wissenschaftlich auseinandersetzen, die die Notwendigkeit auch gewaltsamer gesellschaftlicher Veränderungen nicht ausschließen, sofern sie gewollt oder ungewollt für die Bundesrepublik eine revolutionäre Situation suggerieren oder die Mittel des Terrors verharmlosen.

3. Wir werden auch in Zukunft allen Bestrebungen unter den Studenten entgegenwirken, die aus beruflicher und angeblich politischer Perspektivlosigkeit zu «klammheimlicher Freude» oder erschreckender Gleichgültigkeit gegenüber diesen politisch motivierten Morden tendieren und damit jenen Kräften in die Hände arbeiten, die politische Aktivitäten von Studenten ohnehin einzuschränken versuchen.

4. Wir werden schließlich auch allen Versuchen politischer Disziplinierung entgegentreten, die unter dem Vorwand der Terroristenbekämpfung die Hochschulen zu Helfershelfern des Terrorismus erklären, um eine wissenschaftliche und politische Auseinandersetzung über die Strukturbedingungen und Reformmöglichkeiten der Gesellschaft zu unterbinden.

W. Abendroth, Marburg, E. Adam, Duisburg, U. Albrecht, Berlin, A. Albrecht-Heyder, Berlin, U. v. Alemann, Bonn, B. Badura, Konstanz, M. Baethge, Göttingen, A. Barata, Saarbrücken, H. Becker, Frankfurt, L. Below, Bielefeld, J. Berger, Bielefeld, J. Bergmann, Frankfurt, U. Bermbach, Hamburg, H. Blankertz, Münster, G. Brakelmann, Bochum, E. Brandt, Berlin, C. v. Braunmühl, Frankfurt, H. P. Brauns, Berlin, H. Brede, Frankfurt, M. v. Brentano, Berlin, W. Bredow,

Marburg, M. Brustein, Wuppertal, D. Busch, Bremen, C. Colpe, Berlin, R. Crusius, Berlin, E. Denninger, Frankfurt, L. Döhn, Kassel, R. Ebbighausen, Berlin, Th. Ebert, Berlin, W. D. Eberwein, Bielefeld, W. Ehlert, Bielefeld, P. Eicher, Paderborn, H. Elsenhans, Marburg, R. Engelland, Berlin, K. Erdmenger, Konstanz, J. Esser, Konstanz, W. Euchner, Göttingen, A. Evers, Aachen, J. Feest, Bremen, Ch. Fenner, Berlin, I. Fetscher, Frankfurt, T. Fichter, Berlin, J. Fijalkowski, Berlin, W. Ch. Fischer, Bremen, O. K. Flechtheim, Berlin, R. Francke, Bremen, C. Forytta, Bremen, L. v. Friedeburg, Frankfurt, H. Füchtner, Frankfurt, A. Garlichs, Kassel, P. Gey, Frankfurt, H. Gollwitzer, Berlin, G. Graeßner, Bielefeld, B. v. Greiff, Berlin, M. Greiffenhagen, Stuttgart, M. Greven, Paderborn, K. Grimmer, Kassel, P. Grottian, Berlin, D. Hardegen, Berlin, D. Hart, Bremen, H. H. Hartwich, Hamburg, J. Helmchen, Berlin, E. Hennig, Frankfurt, A. Hepp, Frankfurt, U. Hermann, Bremen, R. Hickel, Bremen, H. Hillmann, Hamburg, J. Hirsch, Frankfurt, K. O. Hondrich, Frankfurt, D. Hoss, Frankfurt, G. Huber, Berlin, J. Huffschmid, Bremen, J. Huhn, Kassel, H. Hummell, J. v. Hülst, Berlin, U. Jaeggi, Berlin, M. Jänicke, Berlin, E. Jahn, Frankfurt, Ch. Jorges, Bremen, O. Kästle, Berlin, H. Kallert, Frankfurt, D. Kshnitz, Frankfurt, R. Kasiske, Bremen, H. Kern, Göttingen, K. P. Kisker, Berlin, H. J. Kleinsteuber, Hamburg, R. Knieper, Bremen, E. Kogon, Darmstadt, J. Kosta, Frankfurt, K. Kran, Bielefeld, D. Krause, Bremen, R. Kreibich, Berlin, W. Kreutzberger, Hannover, Ch. v. Krokkow, Göttingen, B. Kroner, Bielefeld, H. J. Krupp, Frankfurt, E. Küchenhoff, Münster, N. Kuhnert, Aachen, R. Lautmann, Bremen, G. Leithäuser, Bremen, W. Lempert, Berlin, K. Lenk, Aachen, S. Lönnendonker, Berlin, P. Lösche, Bielefeld, K. Megerle, Berlin, F. Meyer-Krahmer, Hagen, H. Müller, Berlin, W. D. Narr, Berlin, H. Neuendorff, Dortmund, G. Neumann, Duisburg, C. Noack, Bremen, H. Niedderer, Bremen, H. Nissen, Berlin, H. Nölker, Kassel, F. Nuscheler, Duisburg, P. v. Oertzen, Hannover, J. Perels, Hannover, N. Päch, Hamburg, O. Preuss, Bremen, Ch. Rammert-Faber, Bielefeld, W. Rammert, Bielefeld, O. Rammstedt, Bielefeld, J. Raschke, Hamburg, H. Rauschenberger, Kassel, P. Reichel, Hamburg, U. Rehfeldt, Konstanz, J. Reiche, Berlin, R. Rendtorff, Heidelberg, K. Riedel, Berlin, A. Rinken, Bremen, J. Ritsert, Frankfurt, P. Roeder, Berlin, A. Rothe, Heidelberg, R. Rürup, Berlin, H. K. Rupp, Marburg, G. Schäfer, Hannover, D. Schefold, Berlin, Ch. Schmerl, Bielefeld, W. Schmied-Kowarzik, Kassel, U. Schmidt, Berlin, W. Schluchter, Heidelberg, F. Schlupp, Konstanz, H. G. Schönwälder, Bremen, H. J. Schoeps, Duisburg, E. Schoenfeldt, Kassel, K. Sieveking, Bremen, B. Sindermann, Hamburg, A. Sohn-Rethel, Birmingham, D. Staritz, Berlin, H. J. Steinberg, Bremen, D. Stoodt, Frankfurt, J. Strasser, Berlin, E. Straub, Berlin, W. Streek, Berlin, R. Thadden, Göttingen, H. Thomas, Berlin, M. Tolksdorf, Berlin, G. Trautmann, Hamburg, P. Triefenbach, Berlin, W. Vaeth, Konstanz, R. Vogel, Frankfurt, Th. v. d. Vring, Bremen, W. Wagner, Bremen, G. Wegeleben, Frankfurt, P. Weingart, Bielefeld, E. v. Weizsäcker, Kassel, E. Wesche, Berlin, W. Wesel, Berlin, R. Wiethölter, Frankfurt, M. Wilke, Berlin, Ch. Winter, Frankfurt, K. Wohlmut, Bremen, H. Wunder, Hamburg, A. Zerdick, Berlin, K. A. Zinn, Aachen, H. G. Zmarzlik, Freiburg, H. Zwirner, Hannover, H. v. Hentig, Bielefeld, K. Horn, Frankfurt, P. Lock, Hamburg, Ch. Müller, Berlin, J. Dikau, Berlin, G. Otto, Hamburg, L. Zechlin, Hamburg.

Der Presseerklärung haben sich angeschlossen: 123 Professoren, 54 wissenschaftliche Mitarbeiter.

Erklärung vom 7. 9. 1977

Wir haben in der vergangenen Zeit die Grundsätze der demokratischen Republik verteidigt. Wir werden auch in Zukunft in diesem Sinn für die strikte Einhaltung der Bürgerrechte eintreten; nach der Erfahrung mit dem Faschismus gehört dazu als wichtigste Errungenschaft das Grundrecht auf Leben.

Wenn heute Staatsbürger, insbesondere Justiz- und Polizeibeamte, rücksichtslos niedergeknallt werden, dann sind solche Taten eine Gefahr für die demokratische Republik. Solch brutales Vorgehen ist eine reale Bedrohung der Schutzrechte des Bürgers – auch weil auf diese Weise staatliche Organe dazu gebracht werden, als Reaktion demokratische Freiheitsrechte einzuschränken.

Indem die Täter die demokratische Republik in ihrer Substanz angreifen und glauben, mit solchen Verbrechen beweisen zu können, daß der im Grundgesetz proklamierte Rechtsstaat nur eine Illusion ist, sind sie zu einer außerordentlichen Gefahr geworden – auch und gerade für die Linke. Die Gegenwehr gegen autoritäre Tendenzen in Gesellschaft und Staat und die Möglichkeiten zu gesellschaftlichen Veränderungen in *dieser* Republik werden blockiert. Die Terroristen zerstören auch die Basis sozialistischer Politik.

Abendroth, Wolfgang, Prof. Dr., Frankfurt/M.; Agnoli, Johannes, Prof. Dr., Berlin; Ahlers, Ingolf, Dr. Privatdozent, Hannover; Albers, Detlev, Prof. Dr., Bremen; Albertz, Heinrich, Pfarrer, Berlin; Aschke, Manfred, wiss. Mitarbeiter, Gießen; Bartels, Rolf; Beck, Johannes, Prof. Dr., Bremen; Becker, Egon, Prof. Dr., Frankfurt/M.; Becker, Wolfgang, Prof. Dr., Osnabrück; Becker, Peter, Rechtsanwalt, Marburg; Benseler, Frank, Prof. Dr., Paderborn; Berger, Dietmar, Dr., Gießen; Berger, Johannes, Prof. Dr., Bielefeld; Bermann, Klaus, Prof. Dr., Gießen; Bieritz, Wulf D., Prof. Dr., Osnabrück; Bernath, Linde, wiss. Ass., Göttingen; Blandow, Jürgen, Prof. Dr., Bremen; Boefenecker, Bildungsreferent, Hannover; Bohnsack, Almut, Akad. Rätin, Göttingen; Bolz, Uli, wiss. Mitarb., Gießen; Bösterling, Burkhard, wiss. Angest., Hannover; Böttcher, Bernhard, Bundesvorstand des LHV; Brandt, Peter, Dr., wiss. Ass., Hagen/Berlin; Brockmann, Dorothea, Prof. Dr., Bremen; Brokmeier, Peter, Dr., Privatdozent, Akad. Oberrat, Hannover; Brosius, Gerhard, wiss. Mitarb., Hamburg; Burgbacher, H. G., Dozent, Hamburg; Buro, Andreas, Dr., Dozent, Grävenwiesbach; Busch, Klaus, Dr., Akad. Rat, Osnabrück; Conert, Hans-Georg, Dr., Hochschullehrer, Bremen; Confurius, Manfred, Landesvorstand NRW des LHV; Dahmer, Helmut, Prof. Dr., Darmstadt; Deppe, Frank, Prof. Dr., Marburg; Dickler, Robert A., Prof. Dr., Bremen; Diederich, Sigurd, Dr., Gießen; Dörr, Manfred, Prof. Dr., Gießen; Dress, Andreas, Hochschullehrer, Bielefeld; Drewitz, Ingeborg, Schriftstellerin,

Berlin; Drexel, Rainer; Drexel, Wilfried; Eberhard, Fritz, Prof. Dr., Berlin; Eberhard, Kurt, Prof. Dr., Berlin; Eder, Walter, Prof. Dr., Berlin; Eichwede, Wolfgang, Prof. Dr., Bremen; Eißel, Dieter, Dr., Gießen; Ehmer, Hermann K., Prof. Dr., Gießen; Ehrenberg, Christoph, Jurist, Osnabrück; Erb, Gottfried, Prof. Dr., Gießen; Erd, Rainer, wiss. Mitarb., Frankfurt/M.; Euchner, Walter, Prof. Dr., Göttingen; Filpe, Angela, Dipl.-Psych., Dipl.-Volkswirt, Hamburg; Flechtheim, Ossip K., Prof. emer. Dr., Berlin; Foerderreuther, Hans Utz, Schatzmeister der GEW Berlin; Fritsche, Klaus, Prof. Dr., Gießen; Gebelein, Helmut, Prof. Dr., Gießen; Gilgenmann, Klaus, Dr., Akad. Rat, Osnabrück; Goedeking, Friedrich, Pfarrer, Karlsruhe; Gollwitzer, Helmut, Prof. Dr., Berlin; Götz-Marchand, Bettina, Dozentin, Göttingen; Grathoff, Dirk, Dr., Dozent, Gießen; Grubitzsch, Siegfried, Prof. Dr., Bremen; Gutjahr, Eberhard, Pfarrer, Berlin; Haffner, Sarah, Künstlerin, Berlin; Haubold, Karl, Prof. Dr., Oldenburg; Haug, Wolfgang Fritz, Privatdozent, Berlin; Heuer, Hilke, Lehrerin, Göttingen; Hickel, Rudolf, Hochschullehrer, Bremen; Hinrichs, Wolfgang, Dr., Akad. Oberrat, Dortmund; Hinz, Arno, Pfarrer, Berlin; Hoffmann Jürgen, wiss. Angestellter, Berlin; Hoffmann, Rainer-W., Akad. Rat, Göttingen; Hochheimer, Wolfgang, Prof. emer. Dr., Psychotherapeut, Berlin; Hohlmetz, Gudrun, Soz. päd. grad., Berlin; Holthort, Werner, Dr., Rechtsanwalt und Notar, Hannover; Höper, Dietrich, Schriftleiter, Celle; Hosemann, Eckard, wiss. Ass., Göttingen; Horst, Regine, 3. Vors. der GEW Berlin; Horster, Detlef, Dr., wiss. Ass., Hannover; Hupka, Dieter, Vorsitzender des VDS; Huster, Ernst-Ulrich, Dr., Gießen; Hutfleß, Hans, Sozialsekretär, Hannover; Inderthal, Klaus, Prof. Dr., Gießen; Jannsen, Gert, Prof. Dr., Oldenburg; Jannsen, Sigrid, Prof. Dr., Oldenburg; Jantzen, Wolfgang, Prof. Dr., Bremen; Jentsch, Konrad, Prof., Göttingen; Jortzig, Gunda, Dipl. oec., Gießen; Jürgens, Ulrich, wiss. Ang., Berlin; Karcher, Wolfgang, Prof. Dr., Berlin; Keil, Annelie, Prof. Dr., Bremen; Keim, Wolfgang, Prof. Dr., Köln; Kern, Horst, Prof. Dr., Göttingen; Kern, Bärbel, Dr., Akad. Rat, Göttingen; Kiefer, Georg, Prof. Dr., Braunschweig; Klees, Berd, Fachhochschullehrer, Königslutter; Klimmek, Ullrich, Vorsitzender des VDS; Klockow, B., wiss. Angestellter, Barsinghausen; Knieper, Rolf, Prof. Dr., Bremen; Koneffke, Gernot, Prof. Dr., Darmstadt; Kotschi, Thomas, Prof. Dr., Berlin; Krahn, Karl, Prof. Dr., Bielefeld; Krems, Karl Heinz, Vorsitzender des VDS; Krumm, Hans-Jürgen, Prof. Dr., Hamburg; Krüger, Michael, wiss. Ass., Osnabrück; Künzel, Rainer, Prof. Dr., Osnabrück; Kürschner, Henning, Maler, Berlin; Leithäuser, Thomas, Prof. Dr., Bremen; Leppert-Fögen, Annette, Akad. Rätin, Frankfurt; Lichte, Rainer, wiss. Ang., Dortmund; Lochmann, Randolf, Prof. Dr., Berlin; Löcherbach, Dieter, Ass. Prof., Berlin; Luthardt, Wolfgang, Dipl. Pol., Berlin; Luther, Jochen, Prof., Dr., Oldenburg; Maas, Utz, Prof. Dr., Osnabrück; Macke, Carl, Schriftleiter, Hannover; Massing, Otwin, Prof. Dr., Hannover; Mattik, U., Dipl.-Ing., Hannover; Mayer, Walter, Geschäftsführer, Ang. der GEW, Berlin; Meyer, A., Prof. Dr., Bremen; Meyer, Gerd, Prof., Reutlingen; Michel, Bertram, Prof. Dr., Berlin; Michel, Jörg, wiss. Ass., Göttingen; Mitscherlich, Thomas, Regisseur, Hannover; Mochalski, Herbert, Pfarrer, Kronberg/Ts.; Mohr, Heinrich, Prof. Dr., Osnabrück; Möhlich, Andreas, Vorsitzender des VDS; Mollenhauer, Klaus, Prof. Dr., Göttingen; Müller-Plantenberg, Urs, Dr., wiss. Ang., Berlin; Neuendorff, Hartmut, Prof. Dr., Dortmund; Neumann, Franz, Prof. Dr., Gießen; Neumann, Michael, Dr., wiss. Mitarb., Göttingen; Nitsch, Wolfgang, Prof. Dr., Oldenburg; Offe, Klaus, Prof. Dr., Bielefeld; van Onna, Ben, Sozialwiss., Köln; van Onna, Wilhelmina, Sozialamtsleiterin, Köln; Otten, Dieter, Prof. Dr.,

Osnabrück; Paech, Norman, Prof. Dr., Hamburg; Paetow, Holger, wiss. Mitarb., Hamburg; Perels, Joachim, Dr., Akad. Oberrat, Hannover; Peukert, Rüdiger, Akad. Rat, Göttingen; Peters, Jürgen, Privatdozent, Hannover; Pfütze, Hermann, Prof. Dr., Berlin; Piepho, Hans Eberhard, Prof. Dr., Gießen; Poppinga, Onno, Hochschullehrer, Kassel; Preuß, Ulrich K., Prof. Dr., Bremen; Raasch, S., wiss. Mitarb., Hamburg; Rauter, E. A., Schriftsteller, München; Retzlaw, Karl, Frankfurt; Rosenbaum, Wolf, Prof. Dr., Göttingen; Richter, Rudolf, stellvertr. Schatzmeister der GEW, Berlin; Römer, Peter, Prof. Dr., Marburg; Rupp, Klaus-Jürgen, wiss. Mitarb., Gießen; Sandkühler, H. D., Prof. Dr., Bremen; Saß, Peter, Dozent, Hamburg; Schäfer, Gert, Dr., Akad. Rat, Hannover; Scheller, Ingo, Akad. Oberrat, Oldenburg; Schermer, Didrich, Dr., Pfarrer, Berlin; Schmidt, Eberhard, Prof. Dr., Oldenburg; Schmidt, Gerhard, Vorsitzender der GEW, Berlin; Schmidt, Wolfgang, Prof. Dr., Oldenburg; Schminck-Gustavus, Ulrich, Prof. Dr., Oldenburg; Schreiner, Günter, Dr., Akad. Oberrat, Göttingen; Schreiner, Adelheid, Soziologin, Göttingen; Schröter, Erhard, Akad. Oberrat, Göttingen; Schulze, Claus-Dieter, Pfarrer, Berlin; Schulte, Rainer, Akad. Rat, Göttingen; Schülein, Johann-August, Dr., Dozent, Gießen; Schwarz, Lutz, wiss. Mitarb., Gießen; Schwichtenberg, U., Studienrat, Hannover; Schwoerer, Frank, Verleger, Frankfurt; Seifert, Jürgen, Prof. Dr., Hannover; Sperling, Hans Joachim, Soziologe, Göttingen; Spilker, Heinz, wiss. Mitarb., Hamburg; Sölle, Dorothee, Prof. Dr., Hamburg; Stuby, Gerhard, Prof. Dr., Bremen; Treulieb, Jürgen, wiss. Mitarb., Osnabrück; Unterbezirksausschuß der Jungsozialisten Hannover-Stadt; Vack, Klaus, Sensbachtal; Veit, Marie, Prof. Dr., Marburg; Vinnai, Gerhard, Dr., Hochschullehrer, Bremen; Volkmann, Rainer, wiss. Mitarb., Hamburg; Vonderach, Gerd, Prof. Dr., Oldenburg; Wagner, Hartmut, Realschullehrer, Sulingen; Wahsner, Roderich, Prof. Dr., Bremen; Wassmann, Bettina, Buchhändlerin, Bremen; Weg, Marianne, Dipl. oec., Gießen; Weddige, Friedrich Wilhelm, Vorsitzender des VDS; Wesel, Uwe, Prof. Dr., Berlin; Westphalen, Tilman, Prof. Dr., Berlin; Wienemann, Es, wiss. Ang., Göttingen; Widmer-Rockstroh, Ulla, 2. Vors. der GEW, Berlin; Wilhelm, Jürgen, wiss. Ass., Göttingen; Wilkending, Gisela, Prof. Dr., Gießen; Wittkowski, Alexander, Prof. Dr., Rektor der Uni Bremen; Wolff, Claudia, Journalistin, Neckargmünd; Wolff, Rainhard, Prof. Dr., Berlin; Wolter, Ulf, Verleger, Berlin; Wulff, Erich, Prof. Dr., Hannover; Wullweber, Helga, Rechtsanwältin, Berlin; Zielinski, Heinz, Dr., Gießen; Zimmer, Jochen, Sekretär der Naturfreundejugend Internationale Stuttgart; Zeuner, Bodo, Dr., Ass. Prof., Berlin; Zoll, Rainer, Prof. Dr., Bremen; Zubke, Friedhelm, Akad. Rat, Göttingen; Zwerenz, Gerhard, Schriftsteller, Frankfurt.

(bis 19. 9. 1977)

Autorenhinweise

Carl Amery, freier Schriftsteller in München
Heinrich Böll, freier Schriftsteller, Köln
Nicolas Born, freier Schriftsteller, Berlin und Dannenberg
Marion Gräfin Dönhoff, Journalistin, Herausgeberin *Die Zeit*
Freimut Duve, Herausgeber rororo-aktuell
Axel Eggebrecht, freier Schriftsteller, Hamburg
Iring Fetscher, Professor für Politikwissenschaft, Frankfurt
Helmuth Gollwitzer, Theologe, Berlin
Günter Grass, freier Schriftsteller, Berlin
Alfred Grosser, Professor für Politikwissenschaft, Paris
Jürgen Habermas, Philosoph, Starnberg
Hartmut von Hentig, Erziehungswissenschaftler, Bielefeld
Dieter Hildebrandt, Kabarettist, München
Walter Jens, Professor für Rhetorik, Tübingen
Ulrich Klug, Professor für Rechtswissenschaft, Köln/Hamburg
Dieter Kühn, freier Schriftsteller, Düren
Siegfried Lenz, freier Schriftsteller, Hamburg
Jürgen Manthey, Hg. «Das neue Buch», Rowohlt, lehrt Literaturwissenschaft an der Gesamthochschule/Universität Essen
Alexander und Margarete Mitscherlich, Psychologen, Frankfurt
Oskar Negt, Professor für Politikwissenschaft, Hannover
Hans Erich Nossak, freier Schriftsteller, Hamburg
Fritz J, Raddatz, Feuilleton-Chef der *Zeit*
Dorothee Sölle, Theologin, Hamburg
Richard Schmid, ehemaliger Richter
Klaus Staeck, Grafiker, Heidelberg
Carola Stern, Journalistin, WDR Köln
Fritz Sänger, ehemaliger Direktor DPA, Wedel/Holstein
Thaddäus Troll, freier Schriftsteller, Stuttgart
Martin Walser, freier Schriftsteller, Überlingen/Bodensee
Ernst Tugendhat, Philosoph, Starnberg